Kenneth Blanchard • Bill Hybels • Phil Hodges

Das Jesus-Prinzip
Führen mit biblischer Weisheit

Kenneth Blanchard • Bill Hybels • Phil Hodges

Das Jesus-Prinzip

Führen mit biblischer Weisheit

Projektion J

Titel der Originalausgabe:
Leadership by the Book

© 1999 by Blanchard Family Partnership, Bill Hybels und Phil Hodges
Published by William Morrow and Company, Inc.,
1350 Avenue of the Americas, New York, N.Y. 10019

© 2000 der deutschen Ausgabe
by Gerth Medien GmbH, Asslar
1. Auflage 2000
2. Auflage Januar 2001
3. Auflage Oktober 2001

Auf der Grundlage der neuen Rechtschreibregeln.

Die Bibelstellen wurden der »Gute Nachricht«-Bibel entnommen.

ISBN 3-89490-339-2

Übersetzung: Annette Schalk
Umschlaggestaltung: Hanni Plato
Satz: Nicole Schol, Projektion J Verlag
Druck und Verarbeitung: Ebner Ulm

Für alle Leiter und Führungskräfte,
die Tag für Tag darum ringen,
gute Erfolge zu erzielen und
das Beste aus sich und anderen Menschen herauszuholen.

Inhalt

Einführung

Wie die meisten Führungspersönlichkeiten in der heutigen, schnelllebigen Welt sehen vermutlich auch Sie sich nach einem relevanten und kompetenten Modell für effektives Führen. Sie wünschen sich einen Standard, an dem Sie messen können, was für Ihre Führungsaufgabe gut und richtig ist.

Wir sind davon überzeugt, dass es tatsächlich jemanden gibt, der effektives Führen perfekt praktiziert und lehrt. Diese Person ist Jesus von Nazaret, der die Haltung und die Methoden eines völlig hingegebenen und effektiven dienenden Leiters verkörpert.

Menschen, die heute nach praktischen Hilfen zum Thema »effektives Führen« suchen, ziehen in ihren Überlegungen in den seltensten Fällen ernsthaft die Person Jesu in Betracht. Das gilt sowohl für Menschen, die andere religiöse Überzeugungen haben, als auch für viele, die sich selbst als Christen bezeichnen. Aus den verschiedensten Gründen gilt Jesus nicht als relevantes Leitbild, das Menschen dazu inspirieren, anleiten und ausbilden kann, im Leben und im Beruf Erfolge zu erzielen.

In diesem Buch möchten wir Menschen aus allen Glaubens-, Kultur und Erfahrungshintergründen, die etwas über effektives Führen lernen wollen, dazu einladen, einen anderen Blick auf das »Führungsgenie« Jesus zu werfen. Drei Jahre lang lebte dieser die radikale Form eines dienenden Führungsstils vor, durch den er ganz gewöhnliche Menschen befähigte, den Lauf der Geschichte entscheidend zu verändern.

Mit diesem Vorbild hoffen wir, einer Welt neue Hoffnung zu vermitteln, die nach unserer Ansicht auf allen Führungsebenen Belebung und Erneuerung nötig hat.

»Das Jesus-Prinzip« erzählt eine Geschichte, in der drei unterschiedliche Führungspersönlichkeiten porträtiert werden, von denen Ihnen vermutlich mindestens eine ähnelt. Sie werden dadurch hautnah miterleben, wie sie ganz praktisch und effektiv die Führungsprinzipien Jesu umsetzen.

Wir empfehlen Ihnen, das Buch einmal ganz durchzulesen, um die Handlung zu verfolgen, und es dann noch einmal mit einem Stift oder Marker in der Hand zu lesen und sich die Prinzipien und Methoden anzustreichen. Zu Ihrer Hilfe haben wir die praktischen Richtlinien am Ende des Buches (Seite 142 ff.) noch einmal in Form von Checklisten für Sie zusammengestellt.

Als Autoren bringen wir unseren jeweils unterschiedlichen Hintergrund in dieses Buch mit ein. Kenneth Blanchard hat mehr als dreißig Jahre seines Lebens damit verbracht, über das Thema »Führen« zu schreiben und zu lehren. Bill Hybels, Pastor und Autor, richtet seine Energie seit über zwanzig Jahren darauf, die *Willow Creek*-Gemeinde in einem Vorort von Chicago zu leiten und anderen Menschen weiterzugeben, was er dabei über Führung gelernt hat. Phil Hodges lebt seinen Glauben im Beruf; er arbeitet als Manager und Berater in den Bereichen Beziehungen am Arbeitsplatz und Personalentwicklung.

Selbst wenn »Das Jesus-Prinzip« primär die Geschichte eines Professors, eines Geistlichen und eines Geschäftsmanns erzählt, so soll das Buch doch nicht autobiografisch sein. Es gibt uns dennoch die Möglichkeit, unser gemeinsames Anliegen zu teilen, Leitern und Führungskräften – egal, ob in der Geschäftswelt, in Kirchengemeinden, in Bildungseinrichtungen, in Behörden, im Militär oder in Ehrenämtern – zu helfen und die Werte und die Praxis eines dienenden Führungsstils, wie er von Jesus vorgelebt wurde, weiterzugeben.

Wir hoffen, dass dieses Buch gerade rechtzeitig erscheint, um Ihnen dabei zu helfen, einen dienenden Führungsstil zu entwickeln. Egal, ob Sie nun selbst Entscheidungen fällen oder die Entscheidungen anderer Personen ausführen, ob Sie Anweisungen geben oder Befehlsempfänger sind, ob Sie sich selbst auf Neuland begeben oder ob Sie die Vision einer anderen Person umsetzen – Sie sind aufgerufen, dies zu tun, um anderen zu dienen. Dabei werden Sie ein erfolgreiches und gelungenes Leben führen, indem Sie das Beste aus sich und anderen herausholen.

Gott segne Sie dabei.

Ken Blanchard
Bill Hybels
Phil Hodges
Im Frühjahr 1999

KAPITEL 1

Der Herzschlag

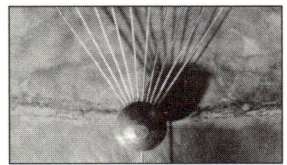

Als das Flugzeug zur Landung ansetzte, erwachte der Professor aus einem tiefen Schlaf. Da er sehr häufig auf Reisen war, war er froh, dass er die Fähigkeit besaß, nahezu überall schlafen zu können. Als die Boing 727 ans Gate rollte, dachte der Professor noch einmal über den vergangenen Abend nach – über seinen Besuch bei Michael.

Michael galt bei vielen, vor allem bei den Analytisten der *Wall Street*, als einer *der* Topmanager und führenden Geschäftsleute des Landes. Es hatte einmal eine Zeit gegeben, in der der Professor stolz darauf gewesen war, Michael sowohl seinen besten Schüler als auch einen sehr guten Freund nennen zu dürfen. In den dreieinhalb Jahren, in denen er Michaels Mentor war, hatten sich der Professor und seine Frau Allison eng mit Michael und dessen Frau Carla angefreundet. Beide Familien lebten im selben Vorort von

San Diego. Sie hatten gemeinsame Interessen, und da ihre Kinder im selben Alter waren, fuhren die Familien oft zusammen in den Urlaub.

Doch der Professor und Michael lebten sich allmählich auseinander, als Michael eine große berufliche Chance ergriff und nach New York zog. Nachdem sie ein paar Monate lang regelmäßigen Kontakt gehalten hatten, meldete sich Michael immer seltener auf die Anrufe des Professors. Wenn sie dann einmal miteinander telefonierten und sich der Professor nach irgendetwas erkundigte, woran Michael arbeitete, oder ihm Anregungen gab, hörte er am anderen Ende der Leitung betretenes Schweigen oder Michael sagte, er müsse noch ein weiteres Telefonat erledigen.

Vielleicht lag es daran, dass sich Michael von Ruhm und Reichtum angezogen fühlte oder unter Erfolgsdruck stand, aber egal, was es letztlich war, die Beziehung des Professors zu Michael hatte in den letzten fünf Jahren allmählich nachgelassen.

Warum dann der vergangene Abend?

Ihr Wiedersehen war von Carla angeregt worden. Auch wenn er und Michael den Kontakt zueinander verloren hatten, Carla und Allison standen immer noch miteinander in Verbindung. Durch Allison wusste der Professor, dass Carla sich um Michael Sorgen machte, aber erst als Carla ihn vor einigen Wochen in Tränen aufgelöst angerufen hatte, erkannte er, wie ernst die Lage wirklich war.

»Ich kenne Michael überhaupt nicht mehr«, weinte Carla, »und die Kinder auch nicht. Er hat nur seine Arbeit und den nächsten Vertragsabschluss im Kopf. Michael hat ja schon immer viel gearbeitet, aber früher hat er es wenigstens geschafft, Zeit mit mir und den Kindern zu verbringen. Doch heute tut er dies nicht mehr«, sagte sie.

»Er scheint auch niemandem im Büro nahe zu stehen oder sich überhaupt dafür zu interessieren«, fuhr Carla fort. »Für ihn zählen nur der Erfolg und die Meinung der Ana-

14

lysten der ›Wall Street‹. Ich habe mittlerweile das Gefühl, dass ich mit einem mir völlig Fremden zusammenlebe.«
»Michael hat doch immer auf dich gehört«, bat Carla den Professor. »Würdest du mit ihm reden? Du bist meine letzte Chance.«

Wie es der Zufall wollte, wohnten Michael und Carla nördlich von New York, weniger als eine Autostunde entfernt von dem Ort, an dem der Professor ein paar Wochen später ein Seminar für Führungskräfte halten sollte. Da er Carlas Verzweiflung spürte und sich ebenfalls Sorgen um Michael machte, plante er seine Termine so, dass er die beiden besuchen konnte, wenn er dort war.

»Michael kommt normalerweise um neun Uhr abends nach Hause«, erklärte Carla, die vom Vorschlag des Professors begeistert war. »Am besten wäre es vermutlich, wenn du ihn mit deinem Besuch einfach überraschst und sagst, dass du gerade in der Gegend warst und einfach mal vorbeischauen wolltest …«

Als der Professor in San Diego aus dem Flugzeug stieg, war er in Gedanken immer noch bei seinem Besuch bei Michael. Normalerweise nahm er den Bus nach Hause, weil die Parkgebühren am Flughafen hoch und der Verkehr mörderisch waren. Doch an diesem Abend stand zu seiner Überraschung seine Frau Allison an der Sperre und holte ihn ab.

Als sie sich umarmten, sagte Allison: »Ich habe schlechte Nachrichten: Michael hatte heute Nachmittag einen Herzanfall und befindet sich in einem kritischen Zustand.«

Dem Professor wurden bei diesen Worten die Knie weich. Vor weniger als vierundzwanzig Stunden war er noch mit Michael zusammen gewesen.

»Carla rief gerade an, als ich vom Büro nach Hause kam«, fuhr Allison fort. »Sie klang wie betäubt. Anscheinend ist Michael ins Fitness-Studio gegangen und dort einfach auf dem Trainingsrad zusammengebrochen. Sie haben den Notarzt gerufen und ihn dann ins Krankenhaus gebracht. Jetzt liegt er auf der Intensivstation. Ich denke, wir sollten morgen früh gleich ein Flugzeug nehmen, damit wir vor Ort sind, um Carla zu helfen und für Michael da zu sein.«

Der Professor nickte zustimmend.

Die schockierenden Nachrichten über Michael ließen den Professor sofort an eine andere Person denken. Er wandte sich an Allison und fragte sie, ob sie den Geistlichen angerufen hätte.

»Ja, habe ich«, entgegnete sie. »Ich wusste, dass du ihm das würdest mitteilen wollen. Er wird uns morgen im Krankenhaus treffen.«

»Prima«, sagte der Professor. »Danke, dass du an ihn gedacht hast.«

Der Geistliche, der vor vielen Jahren zusammen mit dem Professor Mentor für Michael gewesen war, lebte zurzeit in Dallas, wo er sich einen Sommer lang eine Auszeit von seiner Gemeinde gönnte und einen Lehrauftrag an seiner alten theologischen Ausbildungsstätte angenommen hatte.

Während sie auf das Gepäck warteten, erzählte der Professor Allison von seinem Treffen mit Michael am vorangegangenen Abend. »Ich kam bei ihnen an, bevor Michael von der Arbeit zu Hause war«, berichtete der Professor. »Carla begrüßte mich mit einer Umarmung, in der zum einen die Freude lag, einen alten Freund wieder zu sehen, zum anderen aber auch Erleichterung, dass Hilfe gekommen war.

Als wir dann im Arbeitszimmer saßen, erzählte Carla mir noch mehr von Michaels Situation. Nach seiner Beförderung und ihrem Umzug hatte er sich mit der für ihn typischen Energie und Begeisterung in seinen neuen Job gestürzt. Sein Arbeitspensum war enorm, aber auf Grund

seines Erfolgswillens und seines natürlichen Konkurrenz-
geistes schien er anfänglich den neuen Anforderungen ge-
wachsen zu sein.

Gleichzeitig, erzählte mir Carla, war sie damit beschäftigt, den beiden Kindern zu helfen, in den neuen Schulen
Fuß zu fassen, und das Haus einzurichten. ›Wir waren im
ersten Jahr so beschäftigt‹, erinnerte sie sich, ›und so begeistert von den ganzen neuen Möglichkeiten, die sich uns
boten, dass wir überhaupt nicht merkten, was mit unserem
Privatleben passierte. Es kam so schleichend, dass wir
schon tief in den Problemen steckten, bevor wir überhaupt
merkten, dass etwas falsch lief.‹«

Carla erklärte, wie dieselbe schrittweise Veränderung
auch Michaels geistlichen Zustand beeinflusst zu haben
schien. Aber sie erwähnte einen Hoffnungsschimmer: Michael hatte ihr kürzlich erzählt, dass er einer Topmanagerin
begegnet sei, die für ihn ein Vorbild an Effizienz und Effektivität sei. Sie war sehr erfolgreich in ihrer Arbeit, hatte aber
auch Zeit für ihre Familie. Jeder bewunderte sie – ihre Mitarbeiter, ihre Familie, ihre Freunde, ihre Nachbarn. Als er
diese Frau gefragt hatte, wie sie das alles schaffe, hatte sie
geantwortet: »Ich arbeite einfach jeden Tag daran, die Ziele
Gottes für mein Leben zu verwirklichen.« Carla war dankbar dafür, dass die Worte dieser Frau Michael so sehr beeindruckt hatten, dass er sich an sie erinnerte und sie wiederholte.

»Als Michael etwa eine Stunde später nach Hause kam«,
fuhr der Professor fort, »setzte er sich zu uns. Er war sehr
erstaunt, mich zu sehen. Nach etwa zehn Minuten Smalltalk
entschuldigte sich Carla unter einem Vorwand. Sie sagte,
sie sei müde und habe am nächsten Morgen einen Termin.«

Dann berichtete der Professor Allison, wie er und Michael zunächst verlegen nach Worten gesucht hatten. Sie
hatten sich schon so lange nicht mehr gesehen. »Aber
schließlich begannen wir, uns an die alten Zeiten zu erin-

nern und daran, was wir voneinander während unserer wöchentlichen Treffen mit dem Geistlichen gelernt hatten.«

»Je länger wir redeten«, fuhr der Professor fort, »desto stärker spürte ich, wie sehr Michael die Entwicklungen in seinem Leben bedauerte. Er gab zu, dass ihn der Druck an seiner Arbeitsstelle von seinen Mitarbeitern entfernt und ihn die Zeit gekostet hatte, die er früher mit Carla und seinen Kindern verbracht hatte. All seine Energie richtete sich nur noch auf Gewinn und Erfolg, aber er sprach müde von seiner Einsamkeit und von den Entscheidungen, die er in den letzten Jahren getroffen hatte.«

»Am Ende des Abends«, berichtete der Professor weiter, während er sein Gepäck vom Band nahm, »machten wir sogar Pläne, den alten Kontakt wieder aufzunehmen.«

Allison seufzte. »Carla und ich haben gehofft, dass das geschieht«, sagte sie, als sie das Flughafengebäude verließen. »Und jetzt das.«

Spät an diesem Abend erlangte Michael in New York langsam das Bewusstsein wieder. Er spürte Angst und Frustration in sich. Und er erinnerte sich an den scharfen, stechenden Schmerz in seiner Brust und das Gefühl der Schwere in seinen Armen und Beinen, als er plötzlich vom Trainingsrad gefallen war. Michael wusste nicht mehr, was sonst noch geschehen war, konnte sich aber leicht vorstellen, was die Ursache des Schmerzes war.

»Warum ich?«, fragte er sich.

Dann brachte die Erinnerung an den zu frühen Tod seines Vaters, als dieser etwa in seinem Alter gewesen war, das Gefühl des Verlassenseins und der Einsamkeit zurück, das ihn seit Jahren verfolgt hatte. Sollte er Carla und die Kinder mit demselben Berg vor sich zurücklassen?

»Warum jetzt – wo ich gerade wieder so etwas wie eine Perspektive für mein Leben bekommen habe?«

Wie konnte er nur so blind für alle Warnsignale gewesen sein? Und wo war Gott in dieser ganzen Situation? War dies so etwas wie ein kosmischer Streich, den Gott ihm spielte, als Strafe dafür, dass er sich von ihm entfremdet hatte?

»Zumindest lebe ich noch.« Aber er wusste, dass er ernsthafte Probleme hatte. Er konzentrierte sich auf das Geräusch seiner Herztöne und die unbequemen Schläuche in seiner Nase. Von irgendwoher hörte er auch Stimmen.

KAPITEL 2

Der Professor

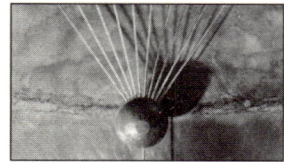

Am nächsten Morgen waren der Professor und Allison wieder am Flughafen, um eine Maschine nach New York zu erreichen. Ihre Reise würde den Großteil des Tages in Anspruch nehmen, so blieb ihnen viel Zeit zum Nachdenken.

Als sich der Professor in seinem Sitz zurücklehnte, begann er, über den Geistlichen nachzudenken. Er freute sich darauf, seinen alten Freund wieder zu sehen, und Erinnerungen an ihre Freundschaft stiegen in ihm auf. Er dachte an ihre erste Begegnung zurück, die ihm noch in so gut in Erinnerung war, als ob sie erst gestern stattgefunden hätte; ein Treffen, das durch einen Telefonanruf ausgelöst worden war, den der Professor tätigte, als er von seinem Beruf frustriert war.

Als Allison und er nach San Diego zogen, hatte er bereits eine erfolgreiche Universitätskarriere hinter sich. Eigentlich arbeitete er in der Verwaltung, aber als der Dekan seiner Universität ihn bat, ein Seminar zu übernehmen, war er begeistert. Diese Erfahrung veränderte sein Leben. Er hatte während seiner Schulzeit genügend schlechten Unterricht miterlebt und wollte nicht selbst schlechten Unterricht erteilen. Und er tat es auch nicht. Die Studenten liebten seine Art zu lehren und ihm machte es viel Spaß. Statt den Studenten die ganze Zeit Vorträge zu halten, bezog der Professor sie durch Rollenspiele, die Diskussion von Fallstudien und das Anschauen von Hollywood-Filmen in den Lernprozess mit ein.

Nach seinem anfänglichen Erfolg im Hörsaal wurde der Professor gebeten, zusammen mit dem Vorsitzenden des Fachbereichs Management ein Buch zu schreiben. Er war geschmeichelt und nahm dieses Angebot begeistert an.

Das Buch wurde zum Bestseller. Daraufhin gab der Professor seine Verwaltungstätigkeit auf, um ausschließlich zu lehren und zu schreiben.

Erfolg folgte auf Erfolg. Im Alter von fünfunddreißig Jahren bekam er eine volle Professur – eine Position, die ein Kollege als den besten Job der Welt bezeichnete: Man hatte alle Freiheiten eines Unternehmers mit der Sicherheit eines Bürokraten.

Kurz nach seiner Beförderung zum ordentlichen Professor nahm er sich eine Auszeit. Er, seine Frau Allison und ihre Kinder zogen für ein Jahr nach San Diego. Für Allison war das Timing perfekt. Sie hatte gerade promoviert und konnte die Auszeit gut nutzen, um sich zu überlegen, wie sie ihre weitere berufliche Laufbahn gestalten wollte.

Während dieses Jahres wurden der Professor und seine Frau von verschiedenen Organisationen gebeten, Seminare für Menschen in Führungspositionen zu halten. Und einige der Firmenchefs, mit denen sie zusammenarbeiteten, stellten ihnen die Frage:»Was werden Sie nach diesem Jahr machen?«

Ihre Antwort lautete:»Wir werden zurück an die Universität gehen.«

»Aber die Sache hier läuft doch gut«, entgegneten ihre Geschäftspartner.»Warum gründen Sie nicht Ihre eigene Firma?«

Der Gedanke war verlockend, aber auch herausfordernd.»Würden wir ja gerne«, sagten sie lachend,»aber da ist noch das Problem mit den Finanzen. Wie sollen wir unsere eigene Firma gründen?«

»Wir werden Ihnen helfen«, lautete die Antwort. Und sie halfen! Also entschlossen sich der Professor und Allison, in San Diego zu bleiben und ihre eigene Firma für Training und Beratung zu gründen. Da Allison der bessere Manager war, übernahm sie die Firmenleitung. Das verschaffte dem Professor die Freiheit, sich auf das Schreiben und den Bereich Produktentwicklung zu konzentrieren.

In diese Zeit fiel auch der Durchbruch in der schriftstellerischen Karriere des Professors. Durch die Unterstützung einiger Geschäftsfreunde wurde der Professor Koautor bei einem Buchprojekt, das zu einem Bestseller und allgemein als großer Durchbruch im Managementbereich gewertet wurde. Er schrieb ein populäres Buch nach dem anderen und führte gleichzeitig zusammen mit Allison und einigen früheren Kollegen und Doktoranden eine Reihe äußerst erfolgreicher Seminare durch. Ihre Beratungs- und Trainingsfirma wuchs und gedieh.

Als er Mitte vierzig war, begann sich der Professor allmählich zu fragen, was das Leben eigentlich ausmache. *Es muss mehr im Leben geben, als nur Bücher zu schreiben und Seminare zu halten*, dachte er.

Trotz einer äußerst erfolgreichen Liste von Bestsellern war der Professor desillusioniert, was die bleibende Wirkung seiner Arbeit anbelangte. In seinen Büchern hatte er eine Reihe populärer Führungskonzepte und -methoden entwickelt, die allgemein als gut und praktikabel anerkannt waren. Manager auf der ganzen Welt waren davon begeistert. Und doch konnte der Professor nur ein paar wenige Organisationen nennen, in denen seine Konzepte lebendig waren und konsequent umgesetzt wurden. Er kam zu der Überzeugung, dass die Leute sich damit zufrieden gaben, über gute Führungspraktiken zu *reden,* statt sie tatsächlich auch *anzuwenden.* Er sagte häufig:»Die meisten Unternehmen verbringen viel Zeit mit der Suche nach dem neuesten Managementkonzept, statt einfach das umzusetzen, was allen schon klar ist.«

Besonders beunruhigte den Professor eine Studie, die besagte, dass nur etwa 25 % aller Manager, die ein Seminar für Führungskräfte besuchten, etwas von dem umsetzten, was sie dort gelernt hatten. Er fragte sich:»Was hält Leiter und Führungskräfte davon ab, sich so auf das einzulassen, was man ihnen beibringt, dass sie damit dann auch arbeiten?«

Der Professor überlegte, ob Menschen in anderen Berufen wohl dieselbe frustrierende Erfahrung machten. Dann schoss ihm das nahe Liegende durch den Kopf. *Geistliche,* dachte er. *Jeden Sonntag predigen sie ihren Gemeinden aus der Bibel. Aber wie viele Leute aus diesen Gemeinden verhalten sich in der nächsten Woche auf Grund dieser Lehren wirklich anders?*

Wenige, wenn überhaupt, vermutete er. *Ich frage mich, wie Geistliche mit diesem Dilemma umgehen.*

Sich ernsthafte Gedanken über Menschen in geistlichen Berufen zu machen war völliges Neuland für den Professor.

Obwohl er nach einem presbyterianischen Geistlichen benannt worden war und als Kind regelmäßig die Sonntagsschule besucht hatte, hatte er sich von der Religion entfernt, als er aufs College kam.

Als Allison und er beschlossen zu heiraten, lebte sein Interesse für Religion wieder etwas auf. Aber es kam bereits zu Beginn ihrer Ehe zu einem jähen Ende: Ein junger Pfarrer, mit dem sie befreundet waren, fiel innergemeindlichen Intrigen zum Opfer und wurde von seiner Gemeinde entlassen. Der Professor und Allison waren über das schockiert, was mit ihrem Freund geschah.

»Wenn das Kirche ist«, entschieden sie, »dann wollen wir damit nichts zu tun haben.«

Diese Einstellung behielt der Professor auch dann noch bei, als er so viel Erfolg mit seinen Büchern hatte. Doch wenn er eines seiner Bücher noch einmal las, konnte er sich manchmal nicht daran erinnern, bestimmte Teile geschrieben zu haben. Es war fast so, als ob nicht er das Buch, sondern das Buch ihn geschrieben hatte. Statt dass ihm sein Erfolg zu Kopf stieg, fragte er sich, wohin das alles noch führen sollte.

An diesem Punkt begann er, sich mit seiner eigenen Spiritualität und seiner Beziehung zu Gott auseinander zu setzen. Diese Vorgänge weckten auch Allisons Interesse für den Glauben wieder und gemeinsam und mit der Hilfe enger Freunde war das vergangene Jahrzehnt für sie zu einer geistlichen Reise geworden. Sie hatten sich jedoch keiner Gemeinde angeschlossen, weil sie keinen Geistlichen finden konnten, der sie begeisterte und herausforderte. Außerdem stießen sie die Streitereien zwischen den verschiedenen Kirchen ab.

Etwa zu der Zeit, als sich der Professor ernsthafte Gedanken über die fehlenden Auswirkungen seiner Arbeit machte, hörten er und Allison von einer Gemeinde auf der anderen Seite von San Diego, die angeblich die am schnellsten wachsende Gemeinde der Region sein sollte. Sie beschlossen, dort einmal einen Sonntagsgottesdienst zu besuchen, um zu sehen, ob die Gemeinde einen Pfarrer hatte, der ihnen zusagte, und einen Kindergottesdienst, in dem ihre Kinder geistlich wachsen konnten.

Als der Professor erkannte, dass sich vielleicht auch Geistliche über die anhaltenden Auswirkungen dessen Gedanken machten, was sie lehrten, fragte er sich, ob wohl der Pfarrer dieser wachsenden Gemeinde eine Antwort auf seine Frage haben könnte. Er entschloss sich, ihn anzurufen und es herauszufinden.

Als sich der Professor am Telefon vorstellte, war er überrascht zu erfahren, dass der Geistliche von seiner Arbeit gehört hatte. »Ich habe noch keines Ihrer Bücher gelesen«, sagte er, »aber ich kenne einige Leute, die von Ihren Methoden ganz begeistert sind.«

»Genau darüber würde ich gerne mit Ihnen sprechen«, entgegnete der Professor. »Ich denke, dass das, was ich lehre, gut ist und wirklich etwas daran verändern kann, wie effektiv eine Führungskraft arbeitet und wie gut ein Unternehmen läuft. Wenn man die Zahl der verkauften Bücher und die Popularität meiner Seminare betrachtet, dann teilen eine Menge Leute meine Ansichten. Aber es beunruhigt mich, dass sie diese Prinzipien nur zu einem kleinen Teil im Alltag umsetzen. Ich kann nicht nachvollziehen, warum das so ist. Deshalb frage ich mich, ob Sie vielleicht eine ähnliche Erfahrung gemacht haben.«

»Sie meinen«, fragte der Geistliche lachend, »ob es einen Unterschied gibt zwischen dem, was ich am Sonntag predige, und dem Verhalten meiner Gemeindemitglieder?«

»Genau«, erwiderte der Professor. »Wie erklären Sie sich das? Und vor allem, was versuchen Sie dagegen zu unternehmen?«

»Ich glaube, wir sollten darüber ausführlich sprechen«, meinte der Geistliche. »Wie wäre es morgen Vormittag um zehn Uhr in meinem Büro?«

Als das Flugzeug in New York landete, war der Professor erfüllt von den Erinnerungen an ihre Freundschaft, die mit diesem ersten Telefonanruf begonnen hatte. Als sie ihre Koffer vom Gepäckband nahmen, war es bereits später Nachmittag, deshalb beschlossen sie, sofort ins Krankenhaus zu fahren. »Vermutlich ist Carla jetzt dort«, meinte Allison und sie wollten sie so gut wie möglich unterstützen.

Auf der Taxifahrt zum Krankenhaus betete der Professor im Stillen für Michaels Genesung. Dann überfiel ihn die Frage: »Wenn meine Bitte erhört und Michael wieder völlig gesund wird – was soll ich ihm an diesem Punkt seines Lebens sagen?«

KAPITEL 3

Michael

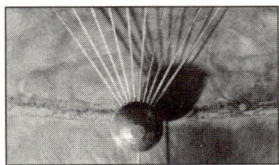

Als Allison den Geistlichen angerufen und ihm von Michaels Herzanfall erzählt hatte, begannen dieser und seine Frau sofort, für Michaels Genesung zu beten. Sie beteten auch dafür, dass in dieser Krise irgendwie Michaels Glaube wieder lebendig würde und Carla durch ihren Glauben in dieser schweren Zeit Halt fände.

Als der Professor und Allison von der Westküste losflogen, bestieg der Geistliche ein Flugzeug in Dallas, um in New York zu ihnen zu stoßen. Als das Flugzeug abhob, wanderten seine Gedanken zurück zu dem Tag, an dem er Michael zum ersten Mal begegnet war.

Sie hatten sich auf dem Golfplatz kennen gelernt, wo das Los sie bei einem örtlichen Wohltätigkeitsturnier dazu bestimmt hatte, in einem Team zu spielen. Es stellte sich heraus, dass beide dieses Spiel schon seit ihrer Kindheit liebten. Beide verdankten diese Liebe ihrem Vater. Michael hatte von seinem Vater im Alter von vier Jahren gelernt, wie man einen Golfschläger hielt. Der Geistliche hatte dasselbe im Alter von sieben Jahren von seinem Vater gelernt.

Der Geistliche hatte Michael erzählt, dass er immer noch am liebsten mit seinem Vater Golf spiele, lieber als mit jedem anderen. Wenn sich ihnen die Gelegenheit bot, konkurrierten sie zwar gerne einmal miteinander, aber in Wahrheit genossen sie einfach die gemeinsame Zeit, egal, wer gewann oder verlor.

Für Michael hingegen war es nicht mehr möglich, mit seinem Vater zu spielen. Er hatte diesen durch einen plötzlichen Herzanfall verloren, als er selbst erst siebzehn Jahre alt gewesen war. Aber der Geistliche erinnerte sich noch gut daran, wie Michaels Augen gestrahlt hatten, als er von den Wettkämpfen erzählte, die er sich mit seinem Vater geliefert hatte. Er erinnerte sich daran, dass er seinen Vater zum ersten Mal geschlagen hatte, als er dreizehn Jahre alt gewesen war. Ein solcher Sieg war jedoch in den Kindererziehungsplänen von Michaels Vater nicht vorgesehen. Und so war von diesem Augenblick an der Kampfgeist seines Vaters immer dann geweckt, wenn er und Michael zum ersten Abschlag gingen.

Als der Geistliche mit Michael Schlag um Schlag bei den ersten Löchern ihrer Turnierrunde gleich zog, merkten sie, dass sie die Gesellschaft des anderen genossen. Michael fühlte sich sogar entspannt genug zuzugeben, dass er anfangs enttäuscht gewesen war, mit einem Geistlichen in ein Team eingeteilt worden zu sein. Er hatte gehofft, bis zum Ende der Runde ein oder zwei neue Geschäftskontakte zu knüpfen. Stattdessen hatten die beiden Männer den Grundstein für eine neue Freundschaft gelegt. Das war für den

Geistlichen vor allem dann von Bedeutung, als er erfuhr, dass Michael und seine Familie vor kurzem seine Gemeinde besucht hatten.

Als der Geistliche und seine Frau Peggy Michael und Carla später besser kennen lernten, erzählte Carla davon, wie sie angefangen hatten, die Gottesdienste seiner Gemeinde zu besuchen.

Während der Glaube für Carla im Mittelpunkt ihres Lebens stand, musste sie zugeben, dass dies bei Michael nicht der Fall war. Er war zwar bereitwillig aufgestanden und hatte bei der Taufe ihrer Kinder seinen Glauben bekannt, in den alltäglichen Kämpfen seines Berufslebens nahm dieser jedoch ein Schattendasein ein.

Sie erzählte, dass Michael der Inbegriff eines modernen Erfolgsmenschen war. Seine Intelligenz, seine Ausstrahlung und sein Ehrgeiz hatten ihm einige redlich verdiente Erfolge beschert, zuerst als Quarterback an der Highschool und im College, später als Unternehmer in der schnelllebigen Wirtschaftswelt. Er trieb sich und seine Mitarbeiter mit einem Gefühl der Dringlichkeit an, das seinen Tages- und Jahreskalender mit Besprechungen, Telefonaten, Faxen, E-Mails und Reisen füllte. Für Carla war diese Situation nur dadurch erträglich, dass Michael bereit war, bei wichtigen Anlässen, die die Kinder betrafen, kürzer zu treten und regelmäßige Familienurlaube zu machen, wenn sie darauf bestand.

Als sie umgezogen waren, bestand Carla darauf, »um der Kinder willen« Anschluss an eine Gemeinde zu suchen. Michael war einverstanden, sich umzusehen und eine Gemeinde zu finden, die zu seinem Leben passte. Nach verschiedenen Anläufen fanden sie schließlich eine Gemeinde, die diesen Ansprüchen genügte. Sie lag in der Nähe ihres Hauses, und der Parkplatz war nie voll, was ihrer Neigung entgegenkam, spät anzukommen und auch rasch wieder abzufahren, wenn Michael ein Flugzeug erreichen musste. Die Leute dort waren gut gekleidet und schienen erfolgreich zu sein. Tatsächlich hatten sich für Michael zu einigen Mitgliedern der Gemeinde Geschäftskontakte ergeben. Die Musik war angenehm, die Predigten waren kurz und normalerweise unterhaltsam genug, um seine Aufmerksamkeit aufrecht zu erhalten, ohne dass er sich dabei zu unwohl fühlte. Wenn er und Carla die Kinder aus dem Kindergottesdienst abgeholt hatten und sie vom Parkplatz der Gemeinde fuhren, hatte Michael die Gottesdiensterfahrung im Geist schon als »erledigt« in seinem Tagesplaner abgehakt und dachte an das, was am Montag auf ihn wartete.

So lief es ein paar Jahre lang. Michael schien damit zufrieden zu sein, in einem Zustand gehemmter geistlicher Entwicklung stehen zu bleiben, während er sich voll auf seinen Beruf konzentrierte, um an die Spitze zu kommen.

Carla dagegen fühlte sich bei ihrem wöchentlichen Gottesdienst zunehmend unwohl. Aus irgendeinem Grund spürte sie, dass etwas in den Predigten des Pastors fehlte, die sich überwiegend mit aktuellen sozialen Problemen beschäftigten. Gott wurde nur beiläufig erwähnt, und Jesus wurde als mystische Figur dargestellt, über die noch kontrovers diskutiert wurde. Auf die Bibel wurde zwar Bezug genommen, aber man sah keine Bibeln im Gottesdienst, abgesehen von der großen, reich verzierten Ausgabe auf dem Altar. Carla konnte nicht genau sagen, was falsch war, aber sie spürte, dass zu einer religiösen Erfahrung mehr gehören musste als das, was sie und Michael und – wichtiger noch – die Kinder im Moment erlebten.

Sie unterhielt sich mit einer ihrer Freundinnen in der Krabbelgruppe ihrer Tochter darüber. Die Freundin erzählte Carla von der Gemeinde, die sie besuchte. Diese Gemeinde bot ein tolles Kindergottesdienstprogramm an und hatte einen dynamischen Pfarrer, der sie und ihren Mann wirklich herausforderte, ihren Glauben in einem neuen Licht zu sehen und in den Alltag zu integrieren.

Da Carla mit Michael noch eine Rechnung offen hatte (er hatte ihren letzten Hochzeitstag vergessen, während er auf Geschäftsreise war), konnte sie ihn dazu überreden, mit ihr in die Gemeinde des Geistlichen zu gehen. Als sie endlich eine Parklücke auf dem überfüllten Parkplatz gefunden und die Kinder im Kindergottesdienst abgeliefert hatten, hatte der Gottesdienst bereits begonnen. Sie setzten sich in eine der hinteren Reihen in der Turnhalle, in der die Gemeinde Gottesdienst feierte, bis ihr neues Gemeindehaus fertig gestellt war, und hörten der Predigt des Pastors zu.

Im Verlauf des Gottesdienstes bemerkte Carla ein seltsames Rascheln, das von Zeit zu Zeit während der Predigt zu hören war. Als sie die Quelle dieses Raschelns schließlich identifizierte, war sie erstaunt. Es war das unisono Umblättern der Seiten in Hunderten von Bibeln, die die Gemeindemitglieder verwendeten, um den Verweisen des Geistlichen auf konkrete Bibelstellen zu folgen. Carla war noch nie in einer Gemeinde gewesen, in der so etwas vorkam, und fand es faszinierend. (Michaels Bibel, die er vor langer Zeit einmal von einer Tante geschenkt bekommen hatte, stand ordentlich und original verpackt auf einem Bücherregal im Keller.)

Als die Kinder aus dem Kindergottesdienst kamen, waren sie begeistert, weil sie neue Freunde gefunden hatten. Die Sache war also klar.

»Und so«, erzählte Carla dem Geistlichen und Peggy, »haben wir still und heimlich unsere alte Gemeinde verlassen und angefangen, die Gottesdienste in Ihrer Gemeinde zu besuchen.«

Michael gestand dem Geistlichen bei einer der ersten Treffen, dass er die Gottesdienstbesuche zuerst nur als

Möglichkeit betrachtet hatte, Carla zufrieden zu stellen, da er häufig siebzig Stunden pro Woche arbeitete, um seine neueste Geschäftsidee zu realisieren. Aber im Laufe der Zeit hatte er mehr und mehr begonnen, das offenkundige Predigttalent des Geistlichen und dessen profundes Bibelwissen zu bewundern. Dadurch wurde Michael motiviert, mehr über die Bibel und die Lehren Jesu zu erfahren. Er kaufte sich sogar ein Bibelstudium zum Neuen Testament auf Kassette, das er hörte, während er Sport trieb.

Als Folge ihrer immer enger werdenden Freundschaft begannen sich Michael und der Geistliche, von Zeit zu Zeit zum Essen zu treffen. An Gesprächsthemen mangelte es ihnen nie. Michael war oft erstaunt, wenn der Geistliche ihm half, Parallelen zu sehen zwischen den alltäglichen Problemen von Jesus bei der Anleitung seiner Jünger und Michaels eigenen Problemen im Büro.

Diese Gedanken bewegten den Geistlichen auf seinem Flug nach New York, und er merkte, wie wichtig es ihm war, sich wieder mit Michael zu unterhalten.

KAPITEL 4

Der Geistliche

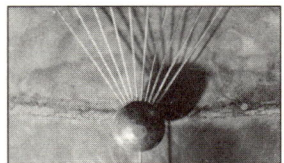

Die Gedanken des Geistlichen wanderten während seines Fluges auch zum Professor. Zu der Zeit, als er Michael näher kennen lernte, hatte er durch ein Telefonat auch die Bekanntschaft des Professors gemacht. Als der Professor frustriert über die mangelnde Auswirkung seiner Arbeit berichtete, konnte der Geistliche dies gut nachvollziehen. Auch er hatte während seiner eigenen beruflichen Laufbahn einige frustrierende Erfahrungen gemacht.

Nach der Beendigung seiner Hochschulausbildung arbeitete der Geistliche als zweiter Pastor in einer alten, etablierten Gemeinde mit schönen Gemeinderäumen, wohlhabenden Mitgliedern und einem regen sozialen Engagement. Seine Pflichten waren durch die bestehenden Traditionen schnell definiert, die wiederum durch den starken Einfluss einiger Gemeindemitglieder bestimmt wurden, deren Familien bereits seit drei oder vier Generationen zur Gemeinde gehörten. Der Pastor selbst war zwar nett zu seinem neuen Kollegen und interessierte sich auch für einige seiner innovativen Ideen, war aber müde und zögerlich und hielt so den Status quo aufrecht.

Nach ein paar Jahren wachsender Frustration wegen des langsamen Tempos und dem Widerstand gegenüber Veränderungen, dachte der Geistliche darüber nach, die Gemeinde zu verlassen und sich ein Betätigungsfeld zu suchen, das ihm mehr Antrieb gab und in dem sich der Einsatz eher lohnte. An diesem Tiefpunkt seiner beruflichen Laufbahn nahm einer seiner ehemaligen Dozenten vom Seminar Kontakt zu ihm auf und erzählte ihm von einer ganz jungen Gemeinde, die einen Pastor suchte. Das Gehalt war niedrig und die Gemeinde hielt ihre Veranstaltungen nur in der Turnhalle einer Schule ab. »Aber es sind einige sehr begeisterte Leute dabei, die Führung suchen«, sagte man ihm. »Sie könnten genau der Richtige für diesen Job sein.«

Der junge Geistliche hatte vor kurzem seine Jugendfreundin Peggy geheiratet, deshalb war die Aussicht auf ein Leben an der Armutsgrenze nicht sehr anziehend. Dennoch zog ihn irgendetwas an der Herausforderung und dieser Gelegenheit magisch an; er wollte von Anfang an dabei sein, bevor die Dinge festgefahren waren.

Nachdem er mit seiner Frau darüber gesprochen und viel Zeit im Gebet verbracht hatte, bewarb sich der Geistliche für diese neue Aufgabe. Drei Monate später verabschiedete er sich von den Jahrhunderte alten Gebäuden und den Traditionen seiner alten Stelle, die ihm ein gewisses Gefühl der Sicherheit vermittelt hatten, und wandte sich den entmutigenden Bedingungen seiner neuen Gemeinde zu. Der Mangel an Ziel, Strategien und Mitteln nahm seine Energie bald völlig in Anspruch.

Sehr schnell erkannte der Geistliche, dass er im Seminar gut darauf vorbereitet worden war, knifflige und herausfordernde Fragen über die Bibel und das Leben Jesu aus theologischer Sicht zu beantworten. Er entdeckte auch, dass er eine Begabung zum Predigen besaß, die zuvor nicht richtig zum Tragen gekommen war. Er genoss die Zeit, in der er seine Predigten vorbereitete, und war erfreut und manchmal auch überrascht über die sehr positive Reaktion seiner Gemeinde auf seine Predigten. Die Besucherzahlen stiegen stetig an, und die finanzielle Situation der Gemeinde ermöglichte ihm einen bescheidenen, aber akzeptablen Lebensstil. Er war sehr eingespannt, aber auch begeistert von seiner neuen Aufgabe. Und das Beste war, dass er in sich wieder die alte Begeisterung für seine Berufung zum geistlichen Dienst spürte.

Durch lange Arbeitszeiten und nur wenige freie Tage konnte der Geistliche die wachsenden Anforderungen seiner Gemeinde gut abdecken. Er traf fast alle täglich anfallenden Entscheidungen, die seine Gemeinde betrafen, alleine, da er, abgesehen vom Sekretariat, nur die Hilfe von ehrenamtlichen Mitarbeitern aus der Gemeinde hatte. Obwohl er im Kirchengemeinderat nur eine Stimme hatte, war sein Einfluss normalerweise stark genug, um auch eine Mehrheit zu überstimmen.

Einige Jahre später, als die Gemeinde weiterhin anwuchs, wurde dem Geistlichen mehr und mehr bewusst, dass sein Hang, alles alleine zu organisieren und zu erledigen, seinen Tribut forderte. Es fehlte an Effektivität.

Obwohl er den Gemeindevorstand davon überzeugen konnte, zusätzliche Mitarbeiter einzustellen, merkte er, dass er weiterhin die meisten Fragen selbst beantwortete und zu viel Zeit damit verbrachte, Dinge gerade zu biegen und Chaos zu beseitigen, das seine Mitarbeiter angerichtet hatten. Da er nie offiziell darin ausgebildet worden war, andere Menschen anzuleiten und zu führen, ging er entweder ungeschickt mit den Menschen um, die er führen sollte, oder ließ ihnen die vollständige Freiheit, ihren eigenen Weg ohne Vorgaben von seiner Seite aus zu finden.

Selbst trotz dieser mangelnden Führungsqualitäten schwärmte die Gemeinde von seinen Predigten und die Besucherzahlen stiegen noch immer stetig an – wodurch der Berg an Arbeit noch weiter wuchs. Er wurde schnell ein Opfer seines eigenen Erfolgs.

Allmählich erkannte der Geistliche, dass ein »Tag der Abrechnung« bevorstand. Er besaß genügend Führungsqualitäten, um voraussagen zu können, dass die Gemeinde nicht auf Dauer Hunderte von Leuten in die wöchentlichen Gottesdienste aufnehmen – und ihnen angemessen dienen – konnte, ohne gleichzeitig eine Infrastruktur zu entwickeln, die Menschen integrieren und selbst für den Dienst zurüsten konnte. Über dieses Problem dachte er häufig nach.

Aus diesem Grund hatte der Geistliche auch das Gefühl, dass es kein Zufall war, als der Telefonanruf des Professors gerade zu diesem Zeitpunkt kam. Er brauchte den Professor ebenso wie der Professor ihn zu brauchen schien.

Als sein Flugzeug in New York landete, wandten sich seine Gedanken wieder der Frage zu, wie er, Allison und der Professor Michael und Carla am besten in dieser Krisensituation beistehen konnten. Er dachte, wie gut es ihm tun würde, wieder einmal zusammen mit dem Professor an Michaels Seite zu sein.

KAPITEL 5

Der Auftrag

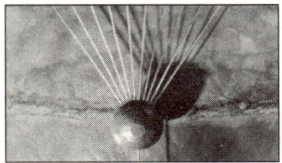

Als der Geistliche im Krankenhaus ankam, waren der Professor und Allison bereits dort bei Carla. In ihrem Gesicht konnte man deutlich die Spuren ihrer Qualen ablesen, aber ihre Augen strahlten, als der Geistliche hereinkam.

»Ich bin so dankbar, dass ihr alle gekommen seid«, sagte sie.

Dann entschuldigte sie sich einen Augenblick, weil sie ihre Schwester anrufen musste, die in dieser Krisensituation auf ihre beiden Kinder aufpasste. In der Zwischenzeit begrüßte der Geistliche Allison und den Professor, der die spärlichen Informationen zusammenfasste, die über Michaels Zustand zu erfahren waren.

»Obwohl er das Bewusstsein wiedererlangt hat, darf nur Carla auf die Intensivstation gehen und ab und zu Michaels Hand halten«, berichtete der Professor. »Er hat die besten

Ärzte, und sie scheinen alles zu tun, was in ihrer Macht steht, aber sein Zustand ist immer noch sehr ernst.«

Als Carla zu ihnen zurückkam, fanden sie ein leeres Wartezimmer nur ein paar Schritte von dem Zimmer entfernt, in dem Michael sorgfältig überwacht wurde. Dort setzten sie sich zusammen. Trotz ihrer Erschöpfung war Carla begierig darauf zu sprechen. Sie wandte sich zuerst an den Professor.

»Ich weiß nicht, wie lange ihr beide euch vorgestern noch unterhalten habt, weil ich tief und fest geschlafen habe, als er ins Bett ging. Aber offensichtlich hat er überhaupt nicht oder fast gar nicht geschlafen. Am nächsten Tag weckte er mich früh und sagte, wir müssten miteinander reden. Ich merkte an seinem Verhalten, dass es etwas Wichtiges sein musste, also ging ich in die Küche, brühte Kaffee auf und sagte einen Termin ab, den ich am Vormittag hatte.

Am Frühstückstisch erzählte er mir sofort von eurem Gespräch und von den Gedanken, die es in ihm ausgelöst hatte.«

»Ich konnte es kaum glauben«, fuhr Carla fort. »Er öffnete mir sein Herz, wie er es schon sehr lange nicht mehr getan hatte. Irgendwann nahm er meine Hand und ich sah Tränen in seinen Augen. Er sagte: ›Carla, ich habe Angst, den Kontakt zu den Dingen zu verlieren, die wirklich wichtig sind.‹« Carla schüttelte den Kopf. Sie war immer noch erstaunt über Michaels Geständnis.

»Was für eine Antwort auf unsere Gebete!«, sagte der Professor. »Aber es wundert mich trotzdem, dass Michael so schnell auf unsere Diskussion reagiert hat.«

»Mich hat es jedenfalls ganz schön überrascht«, stimmte ihm Carla zu. »Michael hat lange darüber gesprochen, dass er seine Prioritäten neu ordnen wolle, um zu Hause liebevoller zu sein und sich mehr um uns kümmern zu können. Er sprach darüber, dass er es wieder lernen müsse, eine dienende Haltung einzunehmen, und bedauerte die Tatsache, dass er aufgehört hatte, Jesus als sein Vorbild für effektive Führung zu sehen. Er gab zu, dass in dem Maß, in dem sich sein Herz bei seiner Arbeit verhärtet hatte, in der Vergangenheit auch seine Beziehungen zu seiner Familie beeinträchtigt worden waren.

Ich kann mich nicht daran erinnern, wie lange es her ist, dass er so über etwas geredet hat. Es war, als ob er gerade neu entdeckt hätte, was ihr beide ihm beigebracht habt. Ich war so froh – und so stolz auf ihn.«

Carla weinte nun still vor sich hin. Allison nahm ihre Freundin in den Arm.

Der Professor schüttelte den Kopf.»Es ist so traurig, dass das hier passieren musste, als Michael gerade an einem großen Wendepunkt angekommen war. Das Timing hätte nicht schlechter sein können.«

»Vielleicht hast du Recht«, entgegnete Allison, während sie Carlas Hand hielt.»Aber ich glaube nicht an Zufälle. Und wisst ihr was? Mein Gefühl sagt mir, dass Michael wieder in Ordnung kommt. Und wenn das so ist, dann war das, so schmerzlich es ist, vielleicht das Beste, was ihm passieren konnte.«

Carla wischte sich die Tränen aus den Augen und schaute hoffnungsvoll auf den Geistlichen und den Professor. »Wenn Michael wieder gesund wird und er noch eine Chance bekommt«, sagte sie,»dann wird er eure Hilfe brauchen, um sich der Zukunft stellen zu können. Ich denke, dass ihr aus diesem Grund jetzt hier seid – damit ihr euch überlegt, wie ihr ihm helfen könnt. Ihr beide seid wirklich gute Freunde, und ich weiß, dass ihr hier seid, um mich und Michael zu unterstützen. Ihr sollt wissen, dass es für mich die größte Hilfe und Unterstützung bedeuten würde, wenn ihr euch überlegt, wie Michael diese Veränderungen wirklich durchführen kann, wenn er wieder gesund wird.«

Beide Männer saßen einen Augenblick lang sprachlos da, als sie die Bedeutung von Carlas Worten in sich aufnahmen. In diesem Augenblick kam Michaels Arzt und wollte mit Carla alleine sprechen. Als sie ein paar Minuten später zurückkam, zeigte sich auf ihrem Gesicht eine winzige Spur gelöster Spannung. Sie berichtete ihren Freunden, dass sich Michaels Zustand etwas stabilisiert hatte, die Ärzte ihn aber zur besseren Überwachung auf der Intensivstation behalten wollten.

Allison schlug vor, dass Carla nach Hause gehen und sich etwas ausruhen sollte. Sie bot ihr an, sie zu begleiten und ihr so weit zu helfen, wie es ihr möglich war. Carla war einverstanden.

Als der Professor und der Geistliche alleine waren, setzten sie sich wieder in das kleine Wartezimmer. Einen Augenblick lang schauten sie einander einfach nur schweigend an; in ihren Blicken lag dieselbe Frage.

»Klingt so, als ob wir einen Auftrag bekommen hätten«, meinte der Professor schließlich.

Der Geistliche nickte zustimmend.

KAPITEL 6

Effektives Führen kommt von innen

In den Fluren des Krankenhauses wurde es zunehmend stiller, während sich der Professor und der Geistliche die Herausforderung durch den Kopf gehen ließen, mit der Carla sie zurückgelassen hatte. Eines wurde ihnen deutlich: Sie brauchten ein Konzept und das würde Zeit kosten. Also entschlossen sie sich dazu, ihr Gespräch in den Abend hinein fortzusetzen.

Gelegentlich kam ein Arzt oder eine Krankenschwester durch die nahe gelegene Tür, die zu Michaels Zimmer auf der Intensivstation führte, aber sein Zustand änderte sich nicht nennenswert. Als der Abend fortschritt, machten der Professor und der Geistliche von Zeit zu Zeit eine Gesprächspause, damit jeder für sich die Situation durchdenken konnte. Dann nahmen sie ihr Gespräch wieder auf und überlegten gemeinsam, wie sie Carlas Bitte am besten Rechnung tragen könnten. Sie kamen wieder auf die starken und vertrauten Grundlagen dessen zurück, was sie beide im Laufe der Jahre gelernt hatten.

»In meinem Gespräch mit ihm habe ich herausgehört, dass Michael den Zugang zum ›inneren Aspekt‹ von Führen verloren hat und zunehmend frustriert über das war, was mit seinem Leben passierte«, sagte der Geistliche.

»Und das ist auch genau das, was mir fehlte, als wir uns zum ersten Mal unterhalten haben«, fügte der Professor hinzu. Ein Lächeln überzog sein Gesicht. »Ich werde nie vergessen, wie sehr mich deine einleitende Bemerkung schockiert hat, nachdem ich dir meinen Frust über die Anwendung und Umsetzung meiner Konzepte gestanden hatte. Du hast mir erklärt, dass ich am falschen Ort suche.«

»Du hast dich an äußeren Faktoren orientiert«, erinnerte sich der Geistliche. »Du hast versucht, das Verhalten von Menschen zu verändern. Aber ich bin zu der Erkenntnis gelangt, dass dauerhafte Veränderung in Menschen ein innerer Prozess ist.«

Die beiden Männer waren damit zu den entscheidenden Punkten gelangt, um die sich ihr erstes Gespräch viele Jahre zuvor im Büro des Geistlichen gedreht hatte.

»Ein innerer Prozess?«, hatte der Professor an jenem Morgen gefragt.

»Es geht um das Herz«, erklärte der Geistliche.

»Es reicht also nicht aus, einfach nur das Denken eines Menschen zu verändern?«

»Nein«, sagte der Geistliche. »Aber auch das ist wichtig. Die alte Erkenntnis ›Ich denke, also bin ich‹ ist durchaus wahr. Aber eine echte Verhaltensänderung erfordert zunächst eine Veränderung seiner inneren Haltung, das heißt des Herzens. Dort wohnt das wahre Ich eines Menschen.«

»Auf diese Dimension von Führung habe ich mich ganz sicher nicht konzentriert«, meinte der Professor. »Mir ging es in erster Linie um das Verhalten einer Führungspersönlichkeit und um Methoden. Aber ich verstehe, was Sie sagen wollen: Ich habe mich auf Äußerlichkeiten beschränkt.«

»Mir ging es ähnlich«, erwiderte der Geistliche. »Ich habe eine Menge Energie darauf verwandt, die Zehn Gebote und die Goldene Regel zu lehren und den Leuten zu sagen, wie sie sich verhalten sollen.«

»War das falsch?«, fragte der Professor.

»Nicht unbedingt«, entgegnete der Geistliche. »Vielleicht einfach uneffektiv. Je mehr ich mich mit der Bibel und vor allem mit dem Leben und den Lehren Jesu beschäftige, desto deutlicher wird mir, dass seine Botschaft nicht für den Verstand bestimmt ist. Sie richtet sich an das Herz. Man kann sogar sagen, dass sie ein richtiggehender Angriff auf das Herz ist. Es geht im Wesentlichen immer um eine Veränderung des Charakters. Jesus ist daran interessiert, dass aus uns andere Menschen werden, nicht nur daran, dass wir uns anders verhalten.

Statt uns beispielsweise aufzufordern, einfach nur nette Dinge zu tun, möchte er, dass jeder von uns zu einem netten Menschen wird. Wenn das geschieht, wird automatisch auch alles, was wir tun, von Freundlichkeit geprägt sein, selbst wenn wir mit jemandem nicht einer Meinung sind oder jemanden zur Ordnung rufen müssen. Jesus fordert uns dazu auf, immer nett zu sein, nicht nur, wenn es uns gerade passt.«

Der Professor ließ sich diese Sichtweise durch den Kopf gehen. »Man könnte also sagen, Jesus möchte nicht nur, dass unser Handeln ehrlich ist, weil das eben so sein sollte; er möchte, dass wir *im Kern unseres Wesens* ehrliche Menschen sind. Dann werden wir automatisch in allem ehrlich handeln.«

»Genau«, nickte der Geistliche. »Jesus hat uns keine detaillierten Anweisungen für jede einzelne Situation gegeben. Es gibt kein Regelwerk, das uns immer genau sagt, was wir tun oder lassen sollen. Das Problem bei Regeln oder Gesetzen ist, dass man immer ein Schlupfloch finden kann, das einen nach dem Buchstaben des Gesetzes leben lässt, aber das Herz oder den Charakter nicht beeinflusst.«

»Das sieht man ja oft genug bei Politikern und auch bei Managern«, fügte ihm der Professor bei. »Sie scheinen alle Regeln und Gesetze so auszulegen, dass sie ihren Bedürfnissen und Zielen entsprechen. Das, was sie sagen, klingt sehr gut, aber man fragt sich schon, welche Motive sie wirklich haben. Erzählen Sie mir noch etwas mehr über diesen charakterlichen Aspekt von Führung.«

»Ich glaube, dass es zwei Arten von Führungspersönlichkeiten gibt: Menschen, die in erster Linie Führungspersonen sind, und Menschen, die in erster Linie Diener sind«, erklärte der Geistliche.

»Wie würden Sie jemanden beschreiben, der in erster Linie eine Führungspersönlichkeit ist?«, fragte der Professor.

»Menschen, die in erster Linie Führungspersönlichkeiten sind, neigen dazu, andere zu kontrollieren, Entscheidungen zu fällen und Anweisungen zu geben. Sie ›müssen‹ einfach führen und Verantwortung übernehmen. Und sie betonen einen gewissen Besitzanspruch in Bezug auf ihre Führungsposition – sie denken, sie steht ihnen zu. Sie vertragen kein Feedback, weil sie sich dadurch in ihrer Position bedroht fühlen, und diese Position wollen sie um jeden Preis behalten.«

»Und was ist mit den Führungspersönlichkeiten, die in erster Linie Diener sind?«, hakte der Professor nach.

»Diese nehmen eine Führungsposition nur an, wenn sie davon überzeugt sind, dass es für sie die beste Möglichkeit ist, anderen zu dienen. Sie sind zur Führung ›berufen‹ und nicht getrieben, weil sie von Natur aus andere unterstützen wollen. Sie haben keinen Besitzanspruch an ihre Führungsposition – sie sehen sie als etwas, das sie verwalten, nicht als etwas, das sie besitzen. Wenn eine andere Person auftaucht, die sich als bessere Führungspersönlichkeit erweist, sind sie bereit, mit dieser Person zusammenzuarbeiten oder ihr sogar die Leitung zu überlassen und sich eine andere Position zu suchen, auf der sie besser dienen können. Sie müssen nicht an einer Führungsposition festhalten, wenn es im Hinblick auf ihren Dienst keinen Sinn macht. Außerdem lieben sie Feedback, weil es ihnen aus ihrer Sicht hilft, anderen besser zu dienen. Es entspricht einfach ihrem Wesen.«

»Mit anderen Worten: Ihnen ist es wichtig, einer Sache zu dienen, und nicht, ihre Position zu festigen«, kommentierte der Professor.

»Richtig. Sie folgen ihrer natürlichen Motivation – nämlich zu dienen – auf die Art und Weise, die der Situation am angemessensten ist: als Leiter, als Mitglied in einem Team oder als loyaler Mitarbeiter.«

»Das klingt so, als ob Menschen mit einem dienenden Herzen besondere Menschen seien«, entgegnete der Professor. »Wie wird man zu einem solchen Menschen?«

»Um diesen Charakter zu bekommen, braucht man das richtige Vorbild, das heißt die richtige Quelle«, erwiderte der Geistliche. »Und es gibt keine bessere Quelle als Jesus. Er war *das* Beispiel für einen völlig hingegebenen, dienenden Leiter, und er ermöglichte denen, die sich entschlossen, ihm nachzufolgen, ebenso zu werden.

Einmal sagte er besonders deutlich, welche Art von Führungspersönlichkeiten seine Nachfolger sein sollten. Jakobus und Johannes konkurrierten darum, eine Vorrangstellung unter seinen Jüngern einzunehmen. Jesus nutzte diese Gelegenheit, um allen zwölf Männern in seinem Team etwas beizubringen. Zuerst sprach er über die anmaßende Art, mit der in der Gesellschaft normalerweise Menschen Autorität über andere ausübten.

Dann sagte er: ›Bei euch muss es anders sein! Wer von euch etwas Besonderes sein will, soll den anderen dienen, und wer von euch an der Spitze stehen will, soll sich allen unterordnen.‹[1] Um diesen Punkt noch klarer herauszustellen, führte er sein eigenes Vorbild an – dass er auf die Erde gekommen war, um zu dienen, und nicht, um sich bedienen zu lassen.

Er plädierte für eine Form der Führung, die sich radikal von der unterscheidet, mit der wir normalerweise vertraut sind«, fuhr der Geistliche fort. »Er zeigte uns, dass wahre Führung im Inneren eines Menschen mit einer dienenden Haltung beginnt, und sich dann erst nach außen kehrt, um anderen Menschen zu dienen. Jesus ist nicht daran interessiert, dass wir eine bestimmte Anzahl von Kriterien erfüllen, die uns zu Dienern machen, sondern dass wir ein dienendes Herz entwickeln. Dann wird alles, was wir tun, auch anderen Menschen dienen.«

»Der Charakter in Form einer dienenden Lebenseinstellung soll also dem Einsatz von effektiven Methoden vorausgehen«, sagte der Professor. »Jesus gibt uns ein Bild, wie dienende Führung aussehen kann, und wir können diese allgemein gehaltene Lektion so kreativ und ehrlich wie möglich im Alltag umsetzen. Im Leben geht es also nicht darum, mit einem starren Regelwerk zu leben, sondern im Einklang mit einem dienenden Herzen. Aber bedeutet das nicht, dass viele Menschen in Bezug auf Jesus und auf Führung umdenken müssen?«, fragte der Professor.

»Ja«, entgegnete der Geistliche. »Manche Leute halten ihn einfach für einen guten Menschen, andere für einen Propheten und echte Gläubige sehen ihn als den Erlöser ihrer Seele. Und doch, obwohl er allgemein bewundert wird, sehen nur wenige Menschen in ihm ein relevantes Vorbild, an dem sie ihr tägliches Leben ausrichten können. Nichts könnte von der Wahrheit weiter entfernt sein. Doch Jesu Absicht war, und das können wir in der Bibel nachlesen, dass sich seine Nachfolger in allen Bereichen ihres Lebens an ihm orientierten. Er lehrte uns, dass sein Vorbild unser Leitbild für ein erfülltes und sinnvolles Leben sein sollte, und zwar heute und nicht erst in der Ewigkeit.«

»Wenn ich daran denke, was das für Führungspersönlichkeiten bedeutet, die Jesus nachfolgen«, meinte der Professor, »dann müsste ihnen sehr daran gelegen sein, das zu tun, was sie sagen, und Verhaltensmuster vorzuleben, auf die er Wert legte.«

»Das stimmt«, bejahte der Geistliche. »Aber denken Sie daran, das Entscheidende ist, dass der Prozess im Inneren ansetzt, an dem, was sie sind – an ihrem Charakter –, und nicht daran, Menschen bestimmte Verhaltensmuster und Methoden beizubringen, die nichts mit den wahren inneren Motiven zu tun haben.«

Das war der Kern des ersten Gespräches zwischen dem Professor und dem Geistlichen. Daran erinnerten sie sich nun im Wartezimmer des Krankenhauses.

»Es hilft mir sich, mir das alles noch einmal ins Gedächtnis zu rufen«, erklärte der Professor.

»Obwohl ich darauf gewettet hätte, dass du an jenem Morgen in meinem Büro zu viel zu hören bekommen hast«, entgegnete der Geistliche lachend. »Du hast sicher einige Zeit gebraucht, um alles zu verarbeiten, was du von mir gehört hast.«

»Ja, darauf kannst du wetten«, antwortete der Professor.

KAPITEL 7

Eisen schärft Eisen

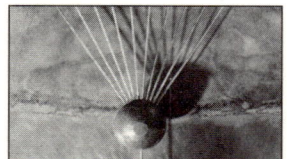

Mein Verstand raste, als ich an diesem Tag aus deinem Büro kam«, erklärte der Professor, »deshalb fuhr ich an den Strand, um dort etwas spazieren zu gehen. Ich hörte in meinem Inneren immer wieder deine Worte: ›Sie haben sich auf den falschen Bereich konzentriert.‹ Das beunruhigte mich. Wie konnte ich so abdriften?

Ich wusste, dass es stimmte, dass ich mich wirklich darauf konzentriert hatte, wie sich Leiter und Führungspersönlichkeiten verhalten sollten, statt daran zu arbeiten, ihren Charakter zu schulen. Und als ich am Strand darüber nachdachte, erinnerte ich mich auch genau, wann meine Konzentration auf die Methodik begonnen hatte.«

»Als ich anfing, mich mit dem Thema ›Management‹ zu beschäftigen, interessierte sich niemand besonders für Charakter. Das Gewicht lag auf dem Verhalten, vor allem auf dem Verhalten von Personen in Führungspositionen. Die meisten der angesagten Theoretiker auf diesem Gebiet kamen zu dem Schluss, dass es nur einen ›besten‹ Führungsstil gab. Diesen Stil bezeichnete man meistens als ›Teamwork‹ oder ›demokratischen und unterstützenden Stil‹. Aber als ich zusammen mit dem Chef meiner Abteilung das Buch zu schreiben begann, schien uns diese Philosophie nicht schlüssig zu sein. Wir glaubten, dass ein demokratischer und unterstützender Führungsstil in manchen Situationen gut, in anderen Situationen aber eine Katastrophe sein konnte.

Ich sprach diesen Punkt eines Tages in einem Seminar an. Ich fragte die Studenten: ›Was würden Sie tun, wenn Sie hier an meiner Stelle stünden und im Seminarraum bräche plötzlich Feuer aus? Würden Sie alle bitten, sich in kleinen Gruppen zusammenzusetzen und den besten Fluchtweg auszudiskutieren, dann jede Gruppe einen Sprecher auswählen lassen, der die Ergebnisse der Gruppe vorstellt, damit am Ende die Gesamtgruppe zu einem Konsens über den besten Aktionsplan finden kann?‹

Natürlich waren sich alle im Seminar darüber einig, dass dies nicht der beste Ansatz wäre. In einer Situation wie dieser muss jemand die Verantwortung übernehmen.

In dem Buch, das wir schrieben, zeigten mein Chef und ich also die Unzulänglichkeiten eines demokratischen und unterstützenden Führungsstils auf und plädierten für einen der jeweiligen Situation angemessenen Ansatz. Wir hoben auch hervor, was Leiter in einer Vielzahl verschiedener Situationen tun sollten, angefangen von simplen Alltagsproblemen bis hin zu hoch komplexen Situationen. Wir entwickelten diverse effektive Methoden, die Managern helfen sollten, andere Menschen zu führen und zu motivieren.

Diese Methoden wurden allgemein in den höchsten Tönen gelobt und von anderen Fachleuten auf diesem Gebiet untersucht und als sehr effektiv bewertet. Aus diesem Grund konnte ich nicht verstehen, warum nach einem Training nur so wenig Leute oder Organisationen unsere Methoden im Managementalltag einsetzten. Das war eine bittere Pille für mich.«

»Als ich an diesem Tag am Strand spazieren ging«, fuhr der Professor fort, »wurde mir klar, dass ich zumindest nicht der Einzige mit diesem Problem war. Schließlich hattest du ja bereits zugegeben, dass du dasselbe Problem hast.

Dann dachte ich darüber nach, was du über den ›inneren Aspekt‹ von effektiver Führung gesagt hattest. Dazu fielen mir ein paar Beispiele ein.

Vor kurzem hatte ich mit einem Fitness-Guru zu Mittag gegessen. Ich hatte ihn gefragt: ›Seien Sie ehrlich. Wie viele von den Leuten, die zu Ihnen ins Fitness-Studio kommen, sich eine Diagnose stellen und ein Trainingsprogramm aufstellen lassen, sind nach einem Jahr in besserer Form als bei ihrem ersten Besuch?‹

Er hatte mir geantwortet: ›Wenn ich eine optimistische Schätzung abgebe, würde ich sagen, etwa zehn bis fünfzehn Prozent.‹

Nach unserem ersten Gespräch«, sagte der Professor zum Geistlichen, »schien offenkundig zu sein, dass man erst eine Möglichkeit finden musste, Menschen so zu verändern, dass sie sich selbst als gesunde Menschen sehen konnten. Erst dann ist es keine Zeitverschwendung mehr, ihnen etwas über Sport oder Diäten zu erzählen.

Ich erinnerte mich auch daran, wie mich ein Ernährungsexperte einmal gefragt hatte: ›Warum essen Sie?‹ Ich konnte ihm alle möglichen Gründe nennen, warum ich aß, egal, ob Essenszeit war oder nicht. In meiner Kindheit aßen wir, wenn wir über etwas glücklich waren, wenn wir traurig waren, wenn wir Angst hatten oder dankbar waren … Egal, was passierte, meine Mutter sagte immer: ›Lasst uns erst mal essen.‹

Dieser Ernährungsexperte aber sagte, dass schlanke Menschen, die noch nie ein Gewichtsproblem hatten, Schwierigkeiten hatten, diese Frage zu verstehen. Für sie war die Antwort nicht so offensichtlich. Sie aßen erst, wenn sie Hunger hatten. Mit anderen Worten: Im Herzen waren sie ›dünne Menschen‹.

Mir fiel noch ein weiteres Beispiel ein. Ich aß einmal mit einem meiner ältesten und engsten Freunde zu Abend. Er arbeitet im Hotelbusiness und hat mehr Fünf-Sterne-Häuser als jeder andere in dieser Branche aufgebaut. Während des Essens bemerkte mein Freund Leute, die darauf warteten, einen Tisch zugewiesen zu bekommen. Keiner der Mitarbeiter des Restaurants nahm Notiz von ihnen. Plötzlich stand mein Freund auf, ging zu den wartenden Leuten und bot ihnen einen Tisch an. Als er zurückkam, fragte ich ihn: ›Was machst du da? Das ist nicht einmal eines deiner Restaurants!‹

Mein Freund entgegnete: ›Ich konnte es einfach nicht ertragen, dass Gäste herumstehen und sich niemand um sie kümmert. Wenn ich nichts getan hätte, hätte ich mich den ganzen Abend darüber aufgeregt.‹

Mir wurde klar, dass das, was er getan hatte, nicht das Ergebnis erlernter Methoden war, sondern seine Persönlichkeit widerspiegelte. Wenn es darum ging, Menschen als Gäste zu behandeln, war er ein Diener.«

»Während ich am Strand entlangschlenderte, ging mir auf, welche ungeheuren Möglichkeiten in diesem Ansatz lagen. Wenn die Methoden, die ich lehrte, mit dem Verhalten, das Jesus als Leiter vorlebte, kompatibel waren, konnten sie zusammen mit einem dienenden Herzen langfristig Erfolg bringen.

Das motivierte mich, mehr darüber in Erfahrung zu bringen, wie Menschen mit einem ›dienenden Herzen‹, also einer dienenden Grundhaltung aussahen. Deshalb rief ich dich an, um einen weiteren Termin mit dir auszumachen.«

Der Geistliche nickte und sagte dann:»Und während du darüber nachdachtest, welche Bedeutung es hatte, Menschen von innen heraus zu verändern, las ich die Bücher und Materialien, die du mir gegeben hattest, und dachte über effektive *äußerliche* Verhaltensmuster nach. Wie du dich vielleicht erinnerst, war ich fasziniert von dem, was ich da las. Ich stellte fest, dass du ein paar sehr profunde Konzepte und Methoden entwickelt hattest, die viele der Führungsfragen ansprachen, mit denen ich in meiner Gemeinde zu kämpfen hatte. Was mich wirklich faszinierte, war meine Entdeckung, dass Jesus genau diese Methoden nutzte, um seine Jünger zu führen.«

»Mein Kollege und ich waren also nicht die Erfinder dieser Konzepte«, erwiderte der Professor mit einem Lächeln. »Wir haben sie nur wieder entdeckt. Aber ich war überrascht zu hören, dass ihr davon im theologischen Seminar nie etwas gehört habt.«

»Nein, wirklich nicht«, sagte der Geistliche.»Wir haben uns eingehend mit der Bibel beschäftigt und damit, wie man ein dienendes Herz entwickelt, aber wir haben nichts darüber gelernt, wie man eine wachsende Gemeinde führt, Mitarbeiter motiviert oder ehrenamtliche Mitarbeiter gewinnt. Vieles, was ich als Leiter tat, geschah zwar aus den besten Absichten, aber letztlich aus reiner Intuition – nach dem Motto ›Versuch und Irrtum‹. Und je größer unsere Gemeinde wurde, desto geringer war die Effektivität dieses Ansatzes. Ich brauchte Hilfe. Das Timing deines zweiten Anrufs hätte nicht besser sein können.«

»Freut mich«, lachte der Professor.»Hat dich bei der Lektüre meiner Materialien noch etwas angesprochen?«

»Ja«, entgegnete der Geistliche.»Deine Materialien haben mich davon überzeugt, dass jemand, der eine effektive Führungspersönlichkeit sein will, in der Lage sein muss, den Ansatz dienenden Führens in drei Bereichen zu praktizieren: intellektuell, emotional und auf der Verhaltensebene.«

»Mit anderen Worten«, warf der Professor ein, »der Kopf, das Herz und die Hände müssen harmonisch zusammenarbeiten.«

»Genau«, bejahte der Geistliche. »Keiner dieser drei Bereiche kann für sich alleine stehen. Der Kopf ist für sich genommen unzulänglich, weil der bloße Glaube an ein Konzept einen Menschen noch nicht zu einer dienenden Führungspersönlichkeit macht.«

»Das habe ich auch lernen müssen«, pflichtete ihm der Professor bei.

»Und ich habe erkannt, dass es auch nicht ausreicht, wenn Kopf und Hände zusammenarbeiten, wenn man also wie ein dienender Leiter denkt und handelt. Manche Führungspersönlichkeiten betrachten Dienst nämlich als Mittel, um ihr Ego zu verwirklichen. Sie kommen nicht über das ›Status-Syndrom‹ hinaus. Letztlich dienen sie nicht, sondern lassen sich von anderen Leuten bedienen.«

»Mit anderen Worten: Es fehlt ihnen ein dienendes Herz«, sagte der Professor.

»Genau«, fuhr der Geistliche fort. »Außerdem ist mir klar geworden, dass man selbst dann Probleme haben kann, wenn man eine dienende Grundhaltung hat. An diesem Punkt hatte ich mein großes Aha-Erlebnis bei der Lektüre deiner Materialien. Auch Leiter mit einem dienenden Herz können ineffektiv sein. Ich wusste das aus eigener Erfahrung und von vielen meiner Pastorenkollegen. Wir verwendeten ineffektive Methoden oder besaßen nicht die Fähigkeit, andere zu führen. Unser Problem lag bei unseren Händen und nicht bei unserem Herzen.«

»Das passiert in der Wirtschaft ständig«, sagte der Professor. »Führungspersönlichkeiten wissen oft einfach nicht, wie man Menschen in ihrer Entwicklung fördert. Am Ende machen sie dann alles selbst. Davon abgesehen, dass sie sich damit völlig verausgaben, machen sie ihre Leute von sich abhängig und nutzen deren Fähigkeiten nicht.«

»Möglicherweise erkennen sie nicht einmal«, überlegte der Geistliche, »dass ihr Verhalten nicht mit ihren Überzeugungen übereinstimmt. Vielleicht haben sie die besten Motive und Absichten, aber es fehlt ihnen an effektiver Führungsmethodik. An diesem Punkt erkannte ich, dass deine Konzentration auf gesunde Methoden hilfreich sein konnte. Ich begann, mir für meinen Dienst Möglichkeiten zu überlegen, wie ich meine guten Absichten effektiver umsetzen konnte.

Und ich schöpfte die Hoffnung«, fügte der Geistliche hinzu, »dass geistliche Leiter mit einem dienenden Herzen deine Konzepte erlernen konnten. Und wenn ihre Motive dann mit einer echten Absicht zu dienen einhergingen, konnten sie diese Konzepte verinnerlichen und zum Teil ihres Wesens machen. Ich wollte mehr darüber erfahren. Deshalb war ich begeistert, als du mich um ein weiteres Treffen gebeten hast.«

»Ich vermute, dass wir beide davon überzeugt waren, dass eins plus eins mehr als zwei ist«, lachte der Professor.

KAPITEL 8

Synergie

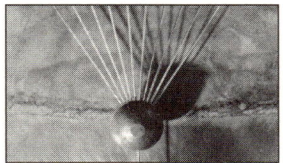

D arauf zählte ich, als mir zum ersten Mal der Gedanke kam, dass wir beide Michael helfen könnten«, sagte der Geistliche.

Ihr Gespräch wandte sich dann den Umständen zu, die sie dazu gebracht hatten, stärker Anteil an Michaels Leben zu nehmen. Der Geistliche erinnerte sich an seine gelegentlichen Verabredungen mit Michael nach ihrem gemeinsamen Golfspiel. »Eine war kurz nachdem wir beide uns getroffen hatten und ich mich mit deinen Materialien über Führungsmethoden auseinander gesetzt hatte. Ich brannte darauf, Michael davon zu erzählen und mit ihm darüber zu reden, was ich gelernt hatte.«

»Er hörte aufmerksam zu«, berichtete der Geistliche, »vor allem, als ich den Schluss zog, dass zu effektiver Führung sowohl Charakter als auch Methodik gehörten. Ich erinnere mich an unser Gespräch, als ob es gestern gewesen wäre.«

»Es freut mich zu hören, dass Sie in letzter Zeit viel über das Thema ›Führung‹ nachgedacht haben«, sagte Michael. »Ich stehe gerade vor einer echten Herausforderung, was meine Führungsqualitäten anbelangt. Man hat mich gebeten, das Baxter-Zentrum zu übernehmen und zu sehen, ob ich das Ruder herumreißen kann.«

»Das alte Baxter-Zentrum?«, fragte der Geistliche.

»Genau das«, bejahte Michael. »Wie Sie wissen, gehören dazu das Baxter-Hotel, eine ganze Reihe von Restaurants und Geschäften und ein Fitness-Studio. Und der Begriff ›alt‹ passt genau, und zwar in mehr als einer Hinsicht.«

»Ich habe gehört, dass das Hotel einmal fünf Sterne verliehen bekommen hat und das ganze Zentrum als Prunkstück der Stadt galt«, warf der Geistliche ein.

»Das war noch zu der Zeit, als Malcolm Baxter das Zentrum führte«, erklärte ihm Michael. »Als er starb, ging es damit leider rapide abwärts. Seine Familie stritt sich um das Erbe und keiner schien Malcolms Führungsqualitäten zu besitzen. Ich habe mich mit der Familie heute früh zum Frühstück getroffen, und sie erklärten mir, dass sie mich zum Präsidenten und Geschäftsführer des Zentrums machen wollen. Ihnen ist klar, dass das Baxter-Zentrum ihr stärkster finanzieller Aktivposten ist und dass keiner von ihnen die Qualitäten hat, die nötig sind, um es wieder auf das alte Niveau zu bringen.«

»Das klingt nach einer spannenden Herausforderung für Sie.«

»Spannend – und auch etwas Angst machend«, erwiderte Michael.

»Wieso das?«

»Na ja, das ist das größte Projekt, das ich bisher übernommen habe, und der Zustand der ganzen Organisation ist wirklich chaotisch«, erläuterte Michael. »Es gibt viel Bitterkeit und Misstrauen. Um dieses Projekt zum Erfolg zu bringen, muss ich alles geben, was ich habe.«

»Das bringt mich auf den Gedanken«, sagte der Geistliche, »dass die Führungsprinzipien, von denen ich vorhin gesprochen habe, für Sie jetzt mehr denn je von Wert sein könnten.«

»Das klingt interessant«, gab Michael zu. »Jesus als Modell für Führung zu haben ist ein faszinierender Gedanke. Aber ganz ehrlich: Was weiß Jesus schon über die Führung eines Unternehmens wie des Baxter-Zentrums?«

»Sie klingen wie Simon Petrus.« Der Geistliche lächelte.

»Wieso das?«

»Schlagen Sie Ihre Bibel im Lukas-Evangelium bei Kapitel 5 auf«, sagte der Geistliche, der Michael überredet hatte, seine Bibel mitzubringen. Sie lasen gemeinsam:

»Eines Tages stand Jesus am Ufer des Sees von Gennesaret. Die Menschen drängten sich um ihn und wollten Gottes Botschaft hören. Da sah er zwei Boote am Ufer liegen. Die Fischer waren ausgestiegen und reinigten ihre Netze. Er stieg in das eine, das Simon gehörte, und bat ihn, ein Stück vom Ufer abzustoßen. Dann setzte er sich und sprach vom Boot aus zu der Menschenmenge. Als er seine Rede beendet hatte, sagte er zu Simon: ›Fahr hinaus auf den See und wirf mit deinen Leuten die Netze zum Fang aus!‹ Simon erwiderte: ›Herr, wir haben uns die ganze Nacht abgemüht und nichts gefangen. Aber weil du es sagst, will ich die Netze noch einmal auswerfen.‹«[2]

Der Geistliche blickte vom Text auf und fragte: »Können Sie sich vorstellen, was Petrus wohl an diesem Punkt der Geschichte dachte?«

»Ich kann ihn geradezu denken hören: ›Schau, Jesus – du scheinst ein toller Lehrer zu sein, aber jetzt redest du über mein Fachgebiet. Fischen ist mein Geschäft. Was du uns da sagst, ist nicht praktikabel. Außerdem bedeutet es eine Menge Arbeit und wir müssen möglicherweise noch Überstunden machen.‹« Michael lachte. »Ich glaube, das ist eine ganz gute Interpretation«, sagte der Geistliche. »Lesen wir weiter.«

»Sie taten es und fingen so viele Fische, daß die Netze zu reißen begannen. Sie mußten die Fischer im anderen Boot zur Hilfe herbeiwinken. Schließlich waren beide Boote so überladen, daß sie fast untergingen.«[3]

»Ich verstehe den dezenten Hinweis«, sagte Michael. »Sie meinen also, dass sich Jesus auch in meinem Geschäft auskennt.«

»Ja«, erwiderte der Geistliche. »Jesus kennt sich mit Ihrem Geschäft aus und kann Ihnen helfen. Und wenn Sie so ein komplexes Projekt wie das Baxter-Zentrum übernehmen, sollten Sie seine Hilfe auch in Anspruch nehmen. Das bedeutet, dass Sie seiner Weisheit vertrauen müssen.«

Michael schwieg kurz, dann fragte er: »Wären Sie bereit, mich zu coachen?«

Nun war es am Geistlichen, kurz zu schweigen. »Na ja«, sagte er, »die professionellen Methoden, von denen ich Ihnen erzählt habe, gehören nicht zu meinem Fachgebiet, selbst wenn Jesus sie angewandt hat. Aber ich könnte den Professor fragen, ob er sich uns anschließen möchte. Vielleicht können wir Ihnen beide gemeinsam mit Jesus als unserem Vorbild weiterhelfen.«

»Fantastisch«, nickte Michael.

»Ich werde nie vergessen, wie begeistert wir waren, als wir uns zum ersten Mal zu dritt trafen«, sagte der Professor.

Der Geistliche nickte. »Hier war unsere Gelegenheit zu sehen, wie die Konzepte von Charakter und Methodik mit

Jesus als Vorbild den Erfolg eines Leiters bestimmen und seine Effektivität bei der Betreuung eines Projektes erhöhen konnten.«

»Inzwischen«, erinnerte sich der Professor, »hatte Michael noch mehr darüber erfahren, auf was er sich mit dem Baxter-Zentrum eingelassen hatte, und war mehr als nur ein bisschen nervös.«

»Ja«, sagte der Geistliche lächelnd. »Aber ich weiß auch noch, wie Michael uns erzählte, dass er mit uns beiden als Rückhalt bereit sei, sich der Herausforderung zu stellen. An diesem Punkt erinnerte ich ihn daran, unseren dritten Partner nicht zu vergessen. Er lächelte und meinte: ›Stimmt – unsere Boote begeben sich ins tiefe Wasser!‹«

Der Professor und der Geistliche erinnerten sich an ihre häufigen Treffen in den Wochen, bevor Michael das Baxter-Zentrum übernommen hatte. Michael spielte die Rolle des Schülers, während sich die beiden anderen die Rolle des Coaches und des Beraters teilten. Der Geistliche konzentrierte sich darauf, über die Bedeutung von Charakter und dem Wesen von dienender Führung und Nachfolge zu lehren. Der Professor war für die Methodik zuständig.

»Aber es dauerte nicht sehr lange«, sagte der Professor, »da waren wir alle Lernende.«

»Diese Treffen haben mich ganz schön beeinflusst«, stimmte der Geistliche zu. »Auch ich unternahm allmählich Veränderungen in der Art und Weise, wie ich meine Gemeinde leitete. Indem ich durch deine Augen auf Jesus sah und mir zum ersten Mal seine *Führungsmethoden* bewusst machte und nicht nur seine Botschaft, keimte in mir die Hoffnung, dass ich den Bedürfnissen meiner Gemeinde gerecht werden konnte, ohne dabei selbst immer in allem im Mittelpunkt zu stehen.«

»Auch ich habe als Folge unserer Arbeit mit Michael eine Veränderung in meinem Denken bemerkt«, sagte der Professor. »Ich verwies jetzt in meinen Schriften und Vorträgen über den dienenden Führungsstil auf die Ebene des Charakters – zuerst sehr zurückhaltend, aber dann zunehmend selbstbewusst und begeistert. Wenn ich über die Kompatibilität meiner Theorien zum Thema ›Führung‹ mit dem dienenden Führungsstil Jesu sprach, war ich oft über die Reaktionen erstaunt. Einige meiner Freunde und Leser rieten mir davon ab, irgendetwas an meiner Erfolgsformel zu verändern. Andere dagegen erinnerten mich an Leute, die gerade dabei waren zu verdursten und denen ich kühles Wasser zu trinken angeboten hatte.«

»Wir haben also alle von diesen Treffen profitiert«, sinnierte der Geistliche. »Eindeutig ein Fall von eins plus eins plus eins ist größer als drei.«

Geistliche Relevanz

oder

irdischer Erfolg

E ine Krankenschwester unterbrach sie, um ihnen mitzuteilen, dass Carla am Telefon war. Der Professor ging hinaus, um den Anruf entgegenzunehmen.

»Bevor ich zu Bett gehe, wollte ich nur noch einmal nachfragen, ob ihr etwas Neues von den Ärzten oder den Schwestern gehört habt«, sagte Carla.

»Nein«, antwortete der Professor, »hier war es sehr ruhig. Wir hoffen weiterhin, dass Michael sich erholt – und wenn das geschieht, Carla, werden wir nicht mehr zulassen, dass er das Wesentliche wieder aus den Augen verliert. Wir nehmen deine Bitte sehr ernst. Der Geistliche und ich haben uns gerade lange über das unterhalten, was wir ihm früher einmal beigebracht haben und was wirklich zählt. Dieses Mal werden wir ihm helfen, am Ball zu bleiben.«

Carla dankte ihm und fügte hinzu: »Allison und ich haben auch viel geredet. Sie ist eine tolle Frau – die beste Beraterin, die ich je hatte. Sie hilft mir dabei, alles im Blick zu behalten und die Möglichkeit zu sehen, dass aus dieser ganzen Situation etwas Gutes entstehen kann.«

»Das müssen wir jetzt alle tun«, sagte der Professor. »Anders werden wir das nicht durchstehen.« Bevor er auflegte, versicherte er Carla, dass er sie sofort anrufen würde, falls sich Michaels Zustand änderte.

Als der Professor zum Geistlichen zurückkam, unterhielten sie sich über Michaels schnelle Auffassungsgabe.

»Ich weiß noch«, sagte der Professor, »dass ich damals dachte: Wenn es jemanden gibt, der rein verstandesmäßig völlig begriffen hat, um was es bei einem dienenden Führungsstil geht, dann ist es Michael.«

»Aber trotzdem hatte er immer Probleme in seinem Inneren und mit seinen Händen«, warf der Geistliche ein. »Vor allem sein hochfahrendes Temperament und seine Ungeduld, immer sofort Ergebnisse sehen zu wollen, führten dazu, dass seine Versuche, den Bedürfnissen seiner Leute zu dienen, nicht nur erfolgreich waren, sondern manchmal auch scheiterten.«

»Nachdem du ihm das Konzept eines dienenden Führungsstils nach dem Vorbild Jesu erklärt hattest«, erinnerte sich der Professor, »war er begierig darauf, mehr darüber zu erfahren, wie ein Mensch mit einem dienenden Herzen aussah. Er wusste, dass es das Gegenteil von ihm selbst war.«

»Ja«, entgegnete der Geistliche. »Dieses Gespräch war für uns alle drei wichtig. Ich weiß noch, wie ich es ihm erklärt habe …«

»Menschen mit einem dienenden Herzen orientieren sich bei ihren Entscheidungen als Führungspersonen an bestimmten Kriterien und Werten. *Ihr oberstes Ziel ist, die In-*

teressen derer, die sie führen, so gut wie möglich zu wahren.«

»Mit anderen Worten«, warf Michael ein, »es geht ihnen nie um persönliche Macht, Anerkennung oder Geld.«

»Nie«, bestätigte der Geistliche. »Deshalb sind dienende Leiter auch bereit, ihre Macht mit anderen zu teilen. Ihnen geht es darum, andere Menschen so zu fördern, dass sie freier, selbstständiger und fähiger – und damit auch effektiver – werden.«

»Dienende Führungspersonen sollten *eine persönliche Befriedigung daraus ziehen, das Wachstum und die Weiterentwicklung der Menschen* zu beobachten, *die sie führen*«, merkte der Professor an.

»Genau«, pflichtete ihm der Geistliche bei. »Wenn Sie diese Eigenschaft mit einer *liebevollen Fürsorge für andere Menschen* kombinieren, wissen Sie, dass Sie es mit einem anderen Führungstyp zu tun haben.«

»Das ist interessant. Aber wie steht es mit Verantwortlichkeit?«, fragte Michael.

»Führungspersönlichkeiten mit einer dienenden Haltung *möchten für ihr Verhalten und für ihre Ergebnisse zur Verantwortung* gezogen werden«, sagte der Geistliche. »Sie möchten wissen, ob die Menschen, denen sie dienen wollen, sie auch als hilfreich empfinden.«

»Das bedeutet sicher, dass man *bereit ist, anderen zuzuhören,* oder?«, kommentierte der Professor.

»Das ist selbstverständlich«, bejahte der Geistliche. »Für sie sind Kritik und Ratschläge ein Geschenk, selbst wenn sie nicht positiv sind. Alles, was man ihnen sagt und das ihnen dabei helfen kann, ihren Job besser zu machen, ist ihnen willkommen. Schließlich ist es ihr primäres Ziel, anderen zu dienen.«

»Klingt toll«, sagte Michael. »Aber was bewahrt Führungspersonen mit einer dienenden Haltung davor, sich aufzureiben, indem sie versuchen, es allen recht zu machen?«

»Ich weiß, dass manche Leute denken, dass das eine dienende Führungspersönlichkeit ausmacht – es allen recht zu machen«, antwortete der Professor. »Aber nichts könnte weiter von der Wahrheit entfernt sein. Und das ist eines der wichtigen Prinzipien, die Jesus vorlebte.«

»Jesus bemühte sich mit Sicherheit nicht darum, dass er die Zustimmung aller hatte«, sagte der Geistliche. »Ihm war es nur wichtig, Gott zu gefallen. Meiner Ansicht nach möchte eine dienende Führungsperson natürlich Menschen dienen und sie dabei unterstützen, ihre Ziele zu erreichen und effektiv zu sein, aber letztlich möchte sie nur einem gefallen – nämlich Gott.«

»Das verändert für den Leiter natürlich die Zielrichtung«, sagte Michael. »Aber denken Sie nicht, dass dieses ganze Gerede über Gott einige Leute abschrecken könnte?«

»Möglicherweise«, bejahte der Geistliche. »Aber ich bin überzeugt, dass es genauso unsinnig ist, Gottes Existenz zu leugnen, wie zu behaupten, dass ein vollständiges Lexikon das Ergebnis einer Explosion in einer Druckerei ist.«

»Das ist ein gutes Beispiel.« Michael lachte.

»Und mehr noch: Es besteht die Gefahr, dass dienendes Führen ohne eine Beziehung zu Gott auch nur zu einem weiteren Ego-Trip werden kann.«

»Können Sie das genauer erklären?«, bat Michael.

»Als Leiter sind wir dazu berufen zu dienen«, begann der Geistliche. »Wenn wir diese Berufung annehmen, werden wir gute Ergebnisse sehen«, denn Menschen neigen dazu, unsere Erwartungen noch zu übertreffen, wenn sie merken, dass sie von jemandem geführt werden, der sich um sie kümmert und ihre Interessen im Blick hat. Aber wenn die Führungspersonen keine Beziehung zu demjenigen haben, der die Berufung ausgesprochen hat – wenn Gott also außen vor bleibt –, werden sie stolz und fangen an zu glauben, dass *sie* die Anerkennung verdienen, wenn die guten Ergebnisse und der Beifall kommen.«

»Menschen, die sich von ihrem Ego leiten lassen«, fügte der Professor an, »werden fremdbestimmt und messen das, was sie sind, an äußeren Maßstäben und nicht an so etwas wie innerem Frieden.«

»Das stimmt«, sagte der Geistliche. »Es geht um den Gehorsam gegenüber einem höheren Auftrag und um die Werte, die Jesus vorlebte. Beides macht es nötig, das eigene Ego unter Kontrolle zu halten. Es ist nicht möglich, gleichzeitig ein großes Ego und ein dienendes Herz zu haben, weil die Sorge um sich selbst ganz automatisch über den Dienst an anderen Menschen und für Gott gestellt wird. Man beginnt zu denken, dass die Schafe dem Hirten zuliebe da sind. Und diese Haltung beeinflusst bald auch alle anderen Bereiche des Lebens negativ. In der Bibel heißt es: ›Gott widersetzt sich den Überheblichen, aber denen, die gering von sich denken, wendet er seine Liebe zu.‹[4]«

»Führungspersonen mit einer dienenden Haltung sind zwar *von Natur aus demütig*«, fuhr der Geistliche fort, »haben aber auch Selbstvertrauen. Sie denken nicht gering von sich, sondern einfach nur weniger *an* sich. Ihr Ego lässt Gott nicht außen vor. Es geht ihnen in erster Linie um geistliche Relevanz und nicht um irdischen Erfolg.«

»Was ist der Unterschied zwischen geistlicher Relevanz und irdischem Erfolg?«, fragte Michael.

»Führungspersonen, die sich auf irdischen Erfolg konzentrieren«, antwortete der Geistliche, »sind normalerweise von den drei Sehnsüchten bestimmt, die die Arbeit von Führungspersonen von Anbeginn der Zeit untergraben haben: Macht, Anerkennung und Besitz.«

»Für die meisten Leiter ist vermutlich der Erhalt ihrer Macht am wichtigsten?«, fragte der Professor.

»Dieser Meinung bin ich auch«, entgegnete der Geistliche. »Macht und Status scheinen ihre Hauptmotivation zu sein. Aus diesem Grund wollen die meisten Leiter auch ihre Führungsposition um jeden Preis erhalten.«

»Wurde nicht Jesus auch durch Macht und Status in Versuchung geführt?«, fragte Michael.

»Ja«, entgegnete der Geistliche. »Die Bibel berichtet, dass der Teufel Jesus auf einen hohen Berg führte und ihm alle Reiche der Erde und ihre Herrlichkeit zeigte. Er sagte: ›Dies alles will ich dir geben, wenn du dich vor mir niederwirfst und mich anbetest.‹[5] Doch Jesus widerstand der Versuchung, indem er klarmachte, dass er in erster Linie Gott gegenüber loyal war.«

»Das unterstreicht sicher, dass es bei einem dienenden Führungsstil nicht in erster Linie darum geht, es allen recht zu machen.« Michael nickte zustimmend. »Ich nehme an, dass das auch für Anerkennung und Besitz gilt.«

»Jesus sprach die Gefahr, nach Anerkennung zu suchen, sehr deutlich in seiner Bergpredigt an. Er sagte: ›Hütet euch, eure Frömmigkeit vor den Menschen zur Schau zu stellen! Denn dann habt ihr keinen Lohn mehr von eurem Vater im Himmel zu erwarten.‹[6]

Überall in der Bibel finden wir Warnungen über die Anziehungskraft des Geldes; die eindrücklichste Passage ist für mich: ›Denn Geldgier ist eine Wurzel alles Bösen.‹[7]«

»Moment«, warf Michael ein. »Wollen Sie damit sagen, dass Geld schlecht ist?«

»Nein, nicht an sich«, sagte der Geistliche. »Genauso, wie Gewinn an sich nicht schlecht ist. Das Problem ist die Liebe zum Geld, die alles andere ausschließt. Das ist dann der Fall, wenn man anfängt, das zu vergessen, was wirklich wichtig ist – die Beziehungen, in denen man lebt, angefangen von der Beziehung zu Gott bis hin zu den wichtigen Personen im Leben. Geld zu verdienen ist gut und wichtig für Ihre Familie, aber achten Sie darauf, dass Ihre Familie dabei nicht zu kurz kommt. Gewinn zu machen ist gut und wichtig für die Finanzlage Ihrer Firma, aber vergessen Sie darüber nicht, Ihren Kunden zu dienen und eine motivierende Atmosphäre für Ihre Mitarbeiter zu schaffen.«

»Ein weiteres Problem mit dem irdischen Erfolg, nach dem so viele Führungskräfte streben«, fügte der Professor an, »ist die Tatsache, dass er letztlich zu Frust und Enttäuschung führt. Irgendjemand hat immer mehr Macht, mehr Anerkennung oder mehr Geld.«

»Also ein endloser Kampf«, meinte Michael. »Ich habe einmal gehört, wie sich jemand beklagte: ›Wie kann ich mit meinen Nachbarn Schritt halten, wenn sie sich ständig Dinge kaufen, die ich mir nicht leisten kann?‹«

»Und genau hier liegt der Unterschied zu geistlicher Relevanz«, erklärte der Geistliche. »Dort geht es nicht um Konkurrenz und Gewinn. Es geht darum, wer Sie in Ihrer Beziehung zu Gott sind. Jesus lehrte seine Nachfolger, dass es ein riesiger Unterschied war, ob man innerlich reich oder reich im finanziellen Sinn ist. Innerlicher Reichtum – eine lebendige Beziehung zu Gott – führt zu einem inneren Frieden, nach dem sich Menschen sehnen. Aber das Streben nach Macht, Anerkennung oder Wohlstand schafft oft mehr Probleme, als es löst.«

»Es hat mich fasziniert zu sehen«, fuhr der Geistliche fort, »dass Führungspersonen, die von einem oder mehreren dieser Wünsche getrieben werden, sich nicht über den Aspekt der geistlichen Relevanz klar werden können. Sie konzentrieren sich auf die falschen Dinge. Sie versuchen, ihre geistliche Leere damit zu kompensieren, dass sie sich darum bemühen, alles unter Kontrolle zu halten und ihre Führungsposition um jeden Preis zu erhalten.«

»Aber ich würde vermuten«, warf der Professor ein, »dass Führungspersonen, die sich auf geistliche Relevanz konzentrieren, dennoch auch Erfolg im weltlichen Sinn erzielen können.«

»Jesus sagte klar und deutlich, dass wir uns in erster Linie auf den Aspekt der geistlichen Relevanz konzentrieren sollen. Als er sich in der Bergpredigt gegen eine übergroße Besorgnis in Bezug auf irdische Dinge wandte, erklärte er der Menschenmenge: ›Sorgt euch zuerst darum, daß ihr euch seiner Herrschaft unterstellt und tut, was er verlangt, dann wird er euch schon mit all dem anderen versorgen.‹[8]«

»Mit anderen Worten«, sagte Michael, »wenn man sich auf die richtigen Dinge konzentriert, sind auch richtige Ergebnisse möglich.«

»C. S. Lewis sagte einmal«, warf der Geistliche ein, »›Strecke dich nach dem Himmel aus und du wirst auch die Erde bekommen. Aber strecke dich nach der Erde aus und du wirst keines von beiden bekommen.‹«

»Das erinnert mich an ein interessantes Experiment, das ich kürzlich gesehen habe«, sagte der Professor. »Ich hielt ein Seminar zusammen mit einem Sportpsychologen. Er fragte die Seminarteilnehmer, ob es unter ihnen jemanden gäbe, der nicht in der Lage sei, einen Ball zu fangen. Eine Frau meldete sich daraufhin.

Der Sportpsychologe nahm einen großen Softball und sagte zu der Frau: ›Ich werde Ihnen diesen Ball jetzt zuwerfen, versuchen Sie, ihn zu fangen.‹

Jedes Mal, wenn er ihn ihr zuwarf, verfehlte sie den Ball, und er fiel zu Boden. Sie konnte offensichtlich nicht fangen.

Dann sagte der Sportpsychologe zu ihr: ›Wenn ich Ihnen den Ball jetzt zuwerfe, machen Sie sich keine Gedanken darüber, ob Sie ihn fangen oder nicht. Stattdessen zählen Sie mit, wie oft sich der Ball dreht, bis er bei Ihnen ankommt.‹

Als er ihr den Ball nun zuwarf, fing sie ihn jedes Mal, während sie laut ›drei‹ oder ›vier‹ sagte – so oft hatte sich der Ball in der Luft gedreht, bis er bei ihr ankam. Als ihr klar wurde, was sie da machte, fragte sie völlig erstaunt: ›Warum kann ich den Ball denn jetzt auf einmal fangen?‹

Er antwortete ihr: ›Weil Sie sich nicht mehr auf Ergebnisse konzentrierten – es war egal, ob Sie den Ball fingen oder nicht. Sie konzentrierten sich nur auf den Prozess –

wie oft sich der Ball in der Luft drehte. Dadurch waren Sie entspannt und machten sich keine Sorgen mehr, was Ihnen wiederum gute Ergebnisse ermöglichte. So konnten Sie den Ball schließlich fangen.‹«

»Es kann einem also auch Probleme bereiten, wenn man sich ausschließlich auf Ergebnisse konzentriert?«, wunderte sich Michael.

»Ja«, sagte der Professor. »Sowohl im persönlichen als auch im beruflichen Bereich.«

»Touché«, sagte Michael. »Ich glaube, genau das mache ich bei meiner Arbeit. Ich habe meine ganze Energie nur auf den Erfolg ausgerichtet, das heißt auf den Profit. Das führte auf kurze Sicht zwar immer zu guten Ergebnissen und stellte die Besitzer zufrieden, aber meine Kunden und Mitarbeiter waren eher unzufrieden. Rückblickend erkenne ich, dass einen das auf Dauer immer einholt.«

»Ich habe einmal eine Definition von Profit gehört«, sagte der Professor, »die besagt, dass *Profit der Beifall ist, den man bekommt, wenn man wahnsinnig begeisterte Kunden durch übereifrige Mitarbeiter gewinnt.* Wahnsinnig begeisterte Kunden sind Leute, die so sehr darüber begeistert sind, wie sie von Ihren Leuten behandelt werden, dass sie damit angeben. Sie werden Teil Ihres Vertreterstabes. Übereifrige Mitarbeiter handeln so, als ob sie Besitzer des Unternehmens wären. Sie sind bereit, für Kunden die zweite Meile extra zu gehen. Sie wissen, dass die Führung des Unternehmens ihnen vertraut und ihren Beitrag sehr zu schätzen weiß.«

»Das gefällt mir«, sagte Michael. »Und wenn ich wahnsinnig begeisterte Kunden und übereifrige Mitarbeiter habe, dann stelle ich mir vor, dass die Kassen ganz schön klingeln.«

»Mit Sicherheit«, entgegnete der Professor.

»Wenn ich also richtig verstanden habe«, sagte Michael, »dann ist Gott weit mehr an unserem Charakter und unserer Entwicklung als Führungspersönlichkeiten interessiert als an unserem irdischen Erfolg.«

»Ja«, antwortete der Geistliche. »Mutter Teresa sagte immer: ›Wir sind zu Gehorsam berufen, nicht zu Erfolg.‹«

»Sie konzentrierte sich mit Sicherheit auf geistliche Relevanz, oder?«, fragte Michael.

»Sie folgte dem Beispiel Jesu einfach in ihrer besonderen Berufung«, erwiderte der Geistliche. »Großzügigkeit, eine dienende Haltung, Dienst an anderen, liebevolle Beziehungen zu anderen Menschen aufbauen – dazu fordert Jesus jeden von uns auf. Dann werden wir nicht nur ein ›Sehr gut, du tüchtiger und treuer Diener‹ hören, wenn unser Leben vorbei ist, sondern vielleicht auch auf gute Ergebnisse im weltlichen Sinn zurückblicken können.

Aber eines möchte ich ganz deutlich sagen: Es gibt keine Garantie dafür, dass wir die Art von irdischem Erfolg haben, an den wir typischerweise denken. Vielleicht hat Gott mit Ihnen etwas ganz anderes vor. Ein Freund von mir sagte neulich: ›Wenn du Gott lachen hören möchtest, dann erzähle ihm von deinen Plänen.‹«

KAPITEL 10

Der Kern der Sache

Bei einem ihrer nächsten Treffen stellte Michael verschiedene Fragen, die sowohl sein Leben als auch das des Geistlichen und des Professors entscheidend verändern sollten. Außerdem beeinflussten sie ihr Verständnis von der Dynamik eines Führungsstils nach dem Vorbild Jesu, der Kopf, Herz und Hände gleichermaßen beinhaltete.

Nachdem er den Geistlichen und den Professor auf den neuesten Stand hinsichtlich seiner ersten Wochen im Baxter-Zentrum gebracht hatte, lehnte er sich in der Nische des Restaurants vor, in dem sie ihr Mittagessen einnahmen.

»Es gibt ein paar Punkte, die mir im Verlauf unserer Gespräche aufgefallen sind und bei denen Sie mir vielleicht weiterhelfen können«, begann Michael. »Wir haben darüber gesprochen, dass eine dienende Haltung eine Grundvoraussetzung für einen Führungsstil nach dem Vorbild Jesu ist.«

»Wenn man sich aber heute die Führungspersonen in einflussreichen Positionen ansieht«, fuhr Michael fort, »kommt man zu dem Schluss, dass diese dienende Haltung nicht zur Originalausstattung einer Führungsperson gehört. Wenn man alle materiellen Leckerbissen wie Macht, Anerkennung und Wohlstand auch ohne diese dienende Haltung bekommen kann, warum sollte ich sie dann haben wollen? Und noch wichtiger: Wenn ich sie haben will, wie bekomme ich sie dann?«

Der Geistliche senkte einen Augenblick den Kopf und dachte nach. Michael hatte ihm eine ehrliche Frage gestellt. Dann antwortete er: »Ihre Fragen treffen genau den Kern des Führungsstils Jesu. Sie haben völlig Recht, wenn Sie sagen, dass ein dienendes Herz nicht zur Originalausstattung gehört. Um im Bild zu bleiben: Ich glaube, dass das Herz, das zu unserer Originalausstattung gehört, sich im Wesentlichen darauf konzentriert, unsere eigenen Interessen zu wahren und zu verteidigen. Es pumpt einen ständigen Strom von Stolz, Egoismus und Angst in unsere Gedanken und Handlungen. Es schätzt mit Lichtgeschwindigkeit die Antwort auf die Frage ›Was ist dabei für mich drin?‹ ab und reagiert genauso schnell.«

»Das klingt nicht allzu schön«, sagte Michael. »Und auch nicht sehr hoffnungsvoll.«

»Nicht, wenn man es dabei belässt«, erwiderte der Geistliche. »Aber es gibt eine sehr gute Nachricht in Bezug auf die Zusatzausstattung«, sagte er mit einem Lächeln. »Ich glaube daran, dass wir von einem bedingungslos liebevollen Gott geschaffen wurden. Aber bei unserer Geburt entwickeln wir so etwas wie Gedächtnisschwund. Wir vergessen, woher wir gekommen sind – unser Erbe. Es kostet uns unterschiedlich viel Zeit, wieder zum Ursprung zurückzukehren – und unser Erbe und Gottes bedingungslose Liebe zu erkennen.

Ich glaube, dass in jedem von uns eine tiefe Sehnsucht

steckt – eine Leere, die nicht gefüllt werden kann, so lange wir nicht bereit sind, unser Innerstes zu öffnen und zu verändern. Wir sehnen uns nach bedingungsloser Liebe und Annahme. Kein irdischer Erfolg und keine Anerkennung können diese Sehnsucht stillen – nur eine Beziehung zu Gott, denn er hat seinen Sohn für uns geopfert und seine Liebe ist echt und bedingungslos. Ein echtes dienendes Herz ist ein Nebenprodukt eines Lebens, das in Dankbarkeit vor der verändernden Macht von Gottes bedingungsloser Liebe und Vergebung kapituliert. Der Wunsch, dem Geber dieser Liebe durch Dienen nach dem Vorbild Jesu Ehre zu erweisen, ist der größte Wunsch und die treibende Kraft eines veränderten, dienenden Herzens.«

»Sie sagen also, dass man nicht einfach beschließen kann, ein verändertes Herz zu bekommen. Es muss einem sozusagen passieren«, sagte Michael.

»Ja«, antwortete der Geistliche. »Es geschieht dadurch, dass wir zulassen, dass Gott uns verändert. Heutzutage liegt persönliche Weiterbildung ja im Trend, aber diese eine Operation kann nur Gott vornehmen, vorausgesetzt, dass man bereit ist, bedingungslos vor ihm zu kapitulieren.«

»Das klingt recht simpel, aber gleichzeitig auch so schwierig«, entgegnete Michael.

»Beides ist richtig«, erwiderte der Geistliche. »Man muss aus freien Stücken eine Entscheidung treffen. Jesus wird sich nie jemandem aufdrängen. Aber es gehört zu den härtesten Dingen im Leben, die Knie zu beugen und zu sagen: ›Dein Wille geschehe, nicht meiner.‹ Das gilt besonders für Führungspersonen, die von ihrem Ego bestimmt werden und deren Herzen noch von dem Streben nach Macht und Anerkennung regiert werden. Doch das ist der Schlüssel zu einem veränderten Leben.«

»Angenommen, ich bin Leiter einer Organisation und vertraue die Herrschaft über mein Leben Gott an«, fragte Michael. »Ich gehe zurück zu den Anfängen und erkenne

Gottes bedingungslose Liebe an. Müssen dann auch erst alle meine Mitarbeiter dasselbe tun, bevor ich in meiner Organisation einen dienenden Führungsstil einführen kann?«

»Natürlich nicht«, sagte der Geistliche nachdrücklich. »Der beste Ratschlag, den ich zu diesem Punkt je gehört habe, lautet: ›Wenn du deinen Glauben weitergeben willst, dann verwende Worte nur dann, wenn es unbedingt nötig ist.‹ Mit anderen Worten: Sie können Ihren Glauben am besten weitergeben, wenn Sie sich als Leiter oder Führungskraft einfach anders verhalten.«

»Das ist ein wichtiger Punkt«, fügte der Professor hinzu. »Wenn Sie von Ihren Managern verlangen oder ihnen nahe legen, einen dienenden Führungsstil zu praktizieren und ihr Leben auf Jesus auszurichten, würde das höchstwahrscheinlich zu einem Aufstand führen. Entweder, weil sie überhaupt nicht an ein höheres Wesen glauben, oder aber, weil sie an einen Gott glauben, der nicht Ihr Gott ist. Stattdessen würde ich Ihnen vorschlagen, eine klare Vision und praktische Werte einzuführen, die mit den Prinzipien eines dienenden Führungsstils übereinstimmen – ohne explizit zu sagen, dass es Ihnen darum geht. Niemand wird sich gegen die Werte stellen, die ein dienender Führungsstil fordert. Im Gegenteil, alle werden diese Werte gerne übernehmen.

Wenn man sich erst einmal auf diese Werte geeinigt hat (und das sollte man bei Werten immer tun – Werte können nicht von oben vorgegeben werden) und sie in konkrete Verhaltensweisen übersetzt sind, dann kann man von den Angestellten dieser Organisation erwarten, dass sie sich entsprechend dieser Definitionen verhalten.«

»Das ist interessant«, sagte Michael. »Aber viele Organisationen haben überhaupt keine festgelegten Werte, beziehungsweise wenn sie welche haben, dann orientiert man sich nur an ihnen, wenn es gerade gelegen kommt. Wenn das Ego dazwischenkommt, scheinen sich die Werte zu verflüchtigen.«

»Ohne Werte, die klar definiert sind und umgesetzt werden«, fuhr der Professor fort, »sind Sie der Barmherzigkeit und den guten Absichten Ihrer Mitarbeiter ausgeliefert. Große Führungspersönlichkeiten schaffen keine optionalen Unternehmenskulturen. Es steht zum Beispiel nicht zur Debatte, ob man freundlich zu Kunden ist und sie gut bedient oder Arbeitskollegen respektvoll behandelt.

Sie wären sicher erstaunt, wie schnell die Herzen von Menschen weich werden und ihre individuellen Charaktere lernen können, sich um andere zu kümmern und ihnen zu dienen, wenn solche Verhaltensnormen erst einmal aufgestellt und umgesetzt sind.«

»Und wenn man diesen Schritt erst einmal geschafft hat«, warf der Geistliche ein, »steht die Tür offen und bietet die Möglichkeit, eine engere Beziehung mit Gott ins Auge zu fassen.«

»Sie beide sind also der Ansicht, dass der Lehrer erscheinen wird, wenn der Schüler bereit ist«, sagte Michael. »Und dass ein dienender Führungsstil selbst auf die Menschen eine dramatische Auswirkung haben kann, die nicht an Gott glauben oder Jesus nicht nachfolgen.«

Der Professor und der Geistliche nickten zustimmend.

Trotz der späten Stunde erinnerten sich der Professor und der Geistliche an die zahlreichen »Samenkörner«, die schon in Michaels Verstand gesät waren und angefangen hatten, sein Innerstes zu verändern. Sie überlegten gemeinsam, wie sie diese Saat wieder zum Leben erwecken konnten.

Schließlich schaute der Professor durch das kleine Fenster des Wartezimmers und bemerkte, dass sich die Farbe des Himmels von schwarz zu einem dämmergrau verändert hatte.

»Ich habe seit meiner Studentenzeit keine so gute nächtliche Diskussion mehr geführt«, sagte er.

»Ganz meinerseits«, antwortete der Geistliche, als er dem Blick des Professors in das erste Licht des neuen Tages folgte.

KAPITEL 11

Das Erwachen

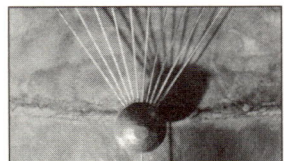

Gerade als der Geistliche und der Professor durch die Fenster des Krankenhauses das erste Dämmerlicht sahen, beobachteten Carla und Allison dieselben morgendlichen Sonnenstrahlen durch das Erkerfenster neben Carlas Frühstückstisch.

Carla hatte gerade ein kurzes Telefonat mit einem von Michaels Ärzten im Krankenhaus geführt. Er wollte sich kurz mit seinen Mitarbeitern absprechen und Carla dann später am Vormittag treffen, um mit ihr über die Diagnose zu reden.

Sie wollte möglichst schnell an Michaels Seite zurückkehren, aber Allison hatte Kaffee gekocht und ein kleines Frühstück vorbereitet. Sie hatte Carla gedrängt, sich noch ein paar Augenblicke hinzusetzen, bevor ein weiterer anstrengender Tag im Krankenhaus auf sie wartete. Allison saß schweigend neben ihr. Sie wollte kein Gespräch anfangen, war aber bereit, Carla zuzuhören und sie zu trösten, soweit es in ihrer Macht stand.

Die beiden Frauen starrten aus dem Fenster auf die sich im zunehmenden Tageslicht abzeichnenden Äste der Bäume. Nach einer Weile fing Carla leise an zu sprechen. »Weißt du, ich verarbeite gerade noch, was der Arzt sagte, und vor allem, *wie* er es sagte. Er klang nicht direkt entmutigend, aber ich hätte gerne mehr von ihm erfahren, selbst wenn es schlechte Nachrichten gewesen wären.«

»Na ja«, antwortete Allison gelassen, »er sagte, dass sich Michaels Zustand stabilisiert habe. Das ist zum gegenwärtigen Zeitpunkt vermutlich die bestmögliche Nachricht. Und du erfährst sicher mehr, wenn die Ärzte alles miteinander durchgesprochen haben. Er wollte dir vermutlich nichts sagen, worin er sich nicht ganz sicher war.«

Carla nickte, die Sorgenfalten auf ihrer Stirn milderten sich etwas. Sie nahm noch einen Schluck Kaffee und setzte dann die Tasse ab. Sie legte beide Hände fest darum und spürte die Wärme. Sie blickte auf ihre schlanken Finger, die sich um den Henkel der Tasse schlossen und starrte dann auf ihren Ehering.

»Aber«, fuhr sie langsam fort, »der Arzt sagte auch deutlich, dass Michael noch nicht außer Gefahr ist.«

Ihr kamen wieder die Tränen. »Oh, Allison, ich weiß tief in mir, dass Michael wieder gesund werden wird, aber es ist so schwer. Ich weiß nicht, ob ich stark genug bin, das alles durchzustehen.«

»Deshalb sind wir ja hier«, erwiderte Allison. »Um dir zu helfen, stark zu sein. Und wir wissen, dass du stark bist.«

Carla gelang ein dankbares Lächeln, als die ersten Sonnenstrahlen durchs Fenster schienen.

Ein paar Stunden später saßen Allison, der Professor und der Geistliche an Carlas Seite, als der Arzt diese über Michaels Zustand informierte. Die Neuigkeiten waren verheißungsvoll: Michaels Zustand hatte sich so weit stabilisiert, dass die Ärzte erwogen, am folgenden Tag eine Bypass-Operation durchzuführen. Sie waren ausgesprochen zuversichtlich, dass diese Operation seine Gesundheit wiederherstellen würde. Bis dahin sollte sein Zustand genau überwacht werden.

»Im Augenblick«, erklärte ihnen der Arzt, »ist es wichtig, dass er möglichst ruhig und ungestört ist. Sie« – er deutete auf Carla – »können zu ihm gehen. Aber die anderen« – er blickte auf Allison, den Professor und den Geistlichen – »sollten lieber im Wartezimmer bleiben.«

Am Spätnachmittag dieses Tages wachte Michael auf, auch wenn er noch kein Zeitgefühl hatte. Zum ersten Mal konnte er den Dingen und Geräuschen um sich herum mehr Bedeutung zuordnen. Der Monitor, der seine Herztöne überwachte, gab ein monotones, aber gleichmäßiges »Ping« von sich. Der Schmerz in seiner Brust, der im Fitness-Studio so mörderisch stark war, hatte sich nun zu einem dumpfen Schmerzgefühl gemindert. Von irgendwoher – er vermutete vom Flur draußen – hörte er gedämpfte Stimmen.

Dann bemerkte er Carla, die schlafend in einem Stuhl neben seinem Bett saß. Ihre Hand lag locker neben seiner, und sie nickte vor sich hin, als sei sie mitten in einem wichtigen Gedanken eingeschlafen.

Michael spürte, wie ihn eine Welle von Trauer und Zuneigung zu Carla überkam. Seine Augen füllten sich mit Tränen. Wie konnte er diese wunderschöne Frau aus dem Zentrum seines Lebens in die Rolle einer Statistin drängen, die ihn bei der Fortführung seines Ego-Trips unterstützte? Er wollte ihr sagen, wie Leid es ihm tat, dass er sich völlig in seinen Beruf zurückgezogen und die Beziehung zu ihr vernachlässigt hatte. Er wollte ihr wieder nah sein und die Wärme und Vertrautheit spüren, die ihre Beziehung ausgemacht hatte, bevor er seiner Karriere oberste Priorität über alles andere eingeräumt hatte.

Er setzte an zu sprechen. Aber dann spürte er Carlas Erschöpfung und beschloss, sie jetzt nicht zu stören.

Als er seinen Kopf wieder zurück aufs Kissen sinken ließ, zwang er sich nachzudenken.

Bei allem Erfolg, den er in den letzten Jahren gehabt hatte, war er immer davon ausgegangen, dass es seiner Familie dabei gut ging, auch wenn sich ihr gemeinsames Leben auf eine Reihe von kurzen Unternehmungen an den Wochenenden beschränkte.

Vor nicht allzu langer Zeit hatten sie ihren Jahresurlaub in der Angelhütte ihres Vaters in Wyoming verbracht. Dort lief das Leben zumindest für zwei Wochen in einem etwas verminderten Tempo ab. Aber in diesem Jahr hatte Michael eine Menge Arbeit mit in den Urlaub nehmen müssen, was zu deutlichen Spannungen innerhalb der Familie geführt hatte. Michael konnte die klaren Anzeichen dafür nicht länger übersehen.

Er zwang sich, die Augen zu öffnen und drehte sich wieder zu Carla um.

Dieses Mal trafen sich ihre Blicke.

»Michael!«

Sie war sofort an seiner Seite. Er spürte ihre warmen Hände an seinen Wangen und blickte in ihre tränenfeuchten Augen.

Er versuchte, seine Schultern zu drehen, um ihr näher sein zu können, aber der Schmerz, der durch seine Brust schoss, hielt ihn davon ab.

Bevor er wieder einschlief, hörte er noch einmal ihre Stimme: »Du wirst wieder gesund werden, Michael. Ich bin bei dir und gemeinsam werden wir das alles durchstehen.«

KAPITEL 12

Die Genesung

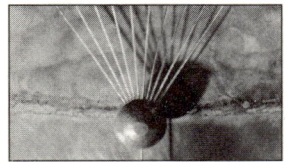

Michaels Operation am nächsten Vormittag dauerte noch nicht einmal drei Stunden. Danach hörten sich der Geistliche, der Professor und Allison zusammen mit Carla den Bericht des Chirurgen an. Die Operation schien gut verlaufen zu sein.

Erst am darauf folgenden Tag erlaubte der Arzt den Freunden, Michael zu sehen, und das auch nur ganz kurz, damit Michael seine Kräfte für seine Genesung schonen konnte. Während der Professor und der Geistliche im Krankenhaus waren, begleitete Allison Carla, die ihre Kinder abholte.

Als Michael seine beiden alten Freunde sah, überzog sich sein blasses und ausgezehrtes Gesicht mit einem von Herzen kommenden Lächeln. Als er dem Professor und dem Geistlichen die Hand schüttelte, witzelte er: »Ich erinnere mich daran, dass ihr beide immer über Herzattacken geredet habt, aber das ist vermutlich nicht ganz das, was ihr dabei im Sinn hattet.«

»Nicht ganz«, sagte der Geistliche lächelnd. »Aber wir freuen uns, dass du dich auf dem Weg der Besserung befindest.«

»Jetzt, da du außer Gefahr bist«, meinte der Professor, haben wir uns entschlossen, wieder nach Hause zu fahren. Aber wir bleiben in Kontakt.«

»Ich möchte euch dafür danken, dass ihr hier wart«, fuhr Michael fort. »Ich weiß, dass ihr eine Menge Termine und Verpflichtungen absagen musstet, um hier bei Carla und mir zu sein. Ich kann euch und Allison nicht genug dafür danken!«

»Nun, besser so«, entgegnete der Professor lächelnd, »als dass wir uns Zeit für deine Beerdigung hätten nehmen müssen.«

»Ich war nahe dran«, gab Michael zu. »Und gerade deshalb würde ich gerne über so vieles mit euch reden. Ich weiß gar nicht, wo ich anfangen soll, nur eines weiß ich sicher: Ich brauche Hilfe. Ich brauche sie jetzt mehr als je zuvor.«

»Zufällig haben wir diesbezüglich schon eine Menge Ideen«, erwiderte der Geistliche. »Da Carla uns dazu ermutigt hat, haben wir den Großteil der Zeit, die wir im Wartezimmer verbracht haben, darauf verwendet. Unser einziger Tagesordnungspunkt war zu planen, wie wir dir langfristig helfen können.«

»Sobald du dafür fit genug bist«, sagte der Professor, »werden wir unsere persönliche Klausur ansetzen – nur wir drei –, um die Optionen gemeinsam auszuloten.«

Auf Michaels Gesicht war ungeheure Erleichterung über das Angebot seiner Freunde deutlich abzulesen. »Das klingt ja so, als ob wir wieder ein Team würden«, meinte er zu ihnen. »Und der Gedanke gefällt mir!«

KAPITEL 13

In Klausur

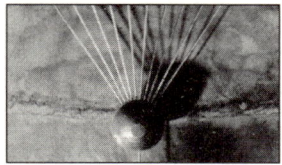

Sechs Wochen später, kurz bevor Michael wieder in seinen Job zurückkehren sollte, trafen sich die drei Freunde in dem an einem See gelegenen Ferienhaus, das der Geistliche und Peggy als Zuflucht vor den ständigen Anforderungen ihres Dienstes nutzten.

Die vor Jahrzehnten festgelegten Hausregeln erklärten das Haus zur fernsehfreien Zone. Die einzige Verbindung zur Außenwelt waren eine technisch veraltete Telefonanlage und das täglich vorbeikommende Postboot. Der geruhsame Fluss der Dinge und die Freundschaften vor Ort, die Jahr für Jahr erneuert wurden, bildeten einen geschätzten Gegenpol zur geschäftigen Welt, die nur die Straße hinunter, aber außer Sichtweite lag.

Der Geistliche spielte hier zwar gelegentlich Golf, aber seine eigentliche Leidenschaft galt dem Segeln. Er frönte dieser Leidenschaft mit einer bunt zusammengewürfelten Crew.

Peggy dagegen genoss die langen Ruhezeiten, die ihr das Kommen und Gehen der übrigen Familienmitglieder ließen. Sie ging gerne mit den Hunden spazieren und dachte sich neue Folgen der Kindergeschichten aus, die sie regelmäßig für eine Zeitschrift schrieb.

Der Geistliche, der Professor und Michael hatten sich ein paar Mal im Ferienhaus getroffen, während Michael das Baxter-Projekt betreute, und fanden die Zeiten dort immer sehr förderlich für ihre Gespräche und um zur Ruhe zu kommen. Das Haus war der ideale Ort, um ihre gemeinsame Beziehung zu erneuern.

An dem Tag, an dem der Professor und Michael dort ankommen sollten, war der Geistliche vollauf damit beschäftigt, das Haus zum Abschluss der Saison winterfest zu machen. Das war seine Aufgabe, während Peggy bereits am Vormittag abgereist war, um die Kinder auf den Schulanfang im Herbst vorzubereiten. Da sie und die Kinder den ganzen Sommer über entweder im Ferienhaus oder in Dallas gewesen waren, gab es viel zu erledigen.

Michael und der Professor sollten zur Abendessenszeit ankommen. Es war noch immer warm genug, um im Freien essen zu können, deshalb hatte sich der Geistliche entschlossen, seine Freunde zu einem seiner rustikalen Barbecues einzuladen, die bei ihren früheren Besuchen am See immer so beliebt gewesen waren.

Als die Sonne hinter den nahe gelegenen Bäumen versank, zündete der Geistliche die Kohlen im Grill an. Er beobachtete, wie die Kohlen am Rand des Grills langsam Feuer fingen. Dieses Bild erinnerte ihn an ein Beispiel, das er seiner Gemeinde erzählt hatte, um die Notwendigkeit von Gemeinschaft im geistlichen Leben eines Menschen zu verdeutlichen. Er bat sie, sich ein Feuer, ähnlich wie dieses hier, vorzustellen, in dem jedes einzelne Stückchen Kohle hell brannte. Dann bat er sie, sich vorzustellen, wie ein Stück Kohle vom Haufen fiel. Wenn es den Kontakt zu den anderen Kohlestücken erst einmal verloren hatte, brannte es zwar eine Weile noch hell für sich, dann kühlte es langsam aus und erlosch schließlich völlig – nur halb genutzt. *So ist es auch mit Michael*, dachte der Geistliche. *Als dieser sich aus der Beziehung zu ihm und dem Professor zurückgezogen hat, war er als Führungsperson nicht mehr in der Lage, sein geistliches Leben aufrechtzuerhalten. Der Reiz von Anerkennung, Macht und Wohlstand ist immer präsent, vor allem wenn man ein Leiter wie Michael ist und schon Erfahrungen damit gesammelt hat, Gott auszuklammern und seinen eigenen Weg zu gehen.*

Der Geistliche und der Professor hatten ein paar Mal miteinander telefoniert, nachdem sie New York und Michaels Krankenbett verlassen hatten. Sie waren sich einig, dass sie einen wichtigen Punkt aus Michaels Situation gelernt hatten: Der richtige Führungsstil – der Führungsstil, der anderen Menschen und Gott am besten dient – ist ein Prozess, der den Glauben Tag für Tag neu herausfordert.

Genau das hatten der Geistliche und der Professor von Michael erwartet – dass er weiterhin Tag für Tag seinen Glauben auch im Beruf leben würde. Sie stimmten darin überein, zu einem solchen Führungsstil gehöre auch, dass man zuerst eine gesunde Führungsrolle nach dem Vorbild Jesu entwickle, und diesen Kurs dann beibehielt, trotz der ständigen und mannigfachen Versuchung, in ungesunde Denk- oder Verhaltensmuster zurückzufallen und dem eigenen Ego die Führung zu überlassen.

Der Geistliche erkannte, dass der Professor und er naiv genug gewesen waren zu denken, dass Michael, wenn er erst einmal den Zusammenhang zwischen seinem Glauben und seinem Verhalten als Führungsperson erkannt hatte, diesen nie mehr aus den Augen verlieren würde. Aber er verlor diesen Zusammenhang aus den Augen wie auch viele andere Leiter und Führungskräfte, die mit den besten Absichten begonnen hatten.

»An diesem Punkt haben wir Michael im Stich gelassen«, überlegte der Geistliche. »Als er vom richtigen Weg abkam, waren wir nicht in der Lage, ihn so zu unterstützen und zu ermutigen, dass er gegen die Versuchungen ankämpfen konnte, mit denen er Tag für Tag konfrontiert war. Er hätte liebevollen Druck gebraucht, um am Ball zu bleiben. Wir sind einfach davon ausgegangen, dass er sich immer bewusst machte, dass er nicht alleine war und seinen Weg nicht alleine gehen musste. Er hatte schließlich nicht nur uns, sondern, viel wichtiger, er hatte Gott.«

Als der Geistliche über Michael und das, was er jetzt brauchte, nachdachte, kam ihm das Bild eines Schleppkahns in den Sinn, der einen riesigen Ozeandampfer in den Hafen manövriert. Ein Schlepper geht nicht zwei Kilometer auf Abstand, fährt seine Maschinen auf volle Kraft und rammt den Ozeanriesen dann, um ihn in Bewegung zu versetzen. Die Folgen wären katastrophal. Stattdessen fährt der Schlepper an die Seite des Dampfers und übt über eine bestimmte Zeit hinweg konstanten Druck aus. Das ist die einzige Möglichkeit, den Dampfer in Bewegung zu bringen.

Und genau das brauchte auch Michael – freundlichen, liebevollen Druck. Doch als der Geistliche und der Professor Michaels Widerstand gespürt hatten, gaben sie ihn auf und waren nicht mehr für ihn da.

Der Professor sagte zum Geistlichen: »Und dabei wissen wir es doch besser. Oder zumindest hätte ich es besser wissen müssen. Ich habe die ganzen Jahre über gelernt, dass man gut ausgebildete Leute nie völlig aus dem Blick verlieren darf. Dadurch gibt man sie auf. Aber durch effektives Delegieren bleibt man in ausreichendem Kontakt zu den Leuten, um zu merken, wann man von ihnen gebraucht wird.«

Ich hätte es auch besser wissen müssen, dachte der Geistliche. *Nachdem Jesus seinen Jüngern den Missionsauftrag gegeben hat, wie es am Ende des Matthäus-Evangeliums berichtet wird, sagt er ihnen:»Und das sollt ihr wissen: Ich bin immer bei euch, jeden Tag, bis zum Ende der Welt.«[9] Jesus ist immer für uns da, wenn wir ihn brauchen. Aber wir waren nicht für Michael da,* rief er sich in Erinnerung, *und ohne unsere Verstärkung brach seine Beziehung zu Jesus zwar nicht ab, bestimmte aber nicht mehr seinen Alltag.*

Der Geistliche schwor sich, dass er das kein zweites Mal zulassen wollte, selbst wenn es bedeutete, dass sie wöchentliche Telefonkonferenzen zu dritt abhalten mussten. Ihm fiel ein Vers aus der alten Weisheit des Buches Kohelet ein:

»Zwei sind allemal besser dran als einer allein. Wenn zwei zusammenarbeiten, bringen sie es eher zu etwas. Wenn zwei unterwegs sind und hinfallen, dann helfen sie einander wieder auf die Beine. Aber wer allein geht und hinfällt, ist übel dran, weil niemand ihm helfen kann. Wenn zwei beieinander schlafen, können sie sich gegenseitig wärmen. Aber wie soll einer allein sich warm halten? Ein einzelner Mensch kann leicht überwältigt werden, aber zwei wehren den Überfall ab. Noch besser sind drei; es heißt ja: ›Ein Seil aus drei Schnüren reißt nicht so schnell.‹«[10]

Das Geräusch eines Autos, das auf der mit Schotter bedeckten Auffahrt anhielt, kündigte ihm die Ankunft von Michael und dem Professor an. Sie waren mit unterschiedlichen Fliegern angekommen und hatten sich auf dem Flughafen getroffen.

»Willkommen«, begrüßte ihn der Geistliche, als Michael aus dem Auto stieg. Er sah fit und gut erholt aus, obwohl er den ganzen Tag unterwegs gewesen war. »Ich hoffe, du bist bereit für eine gründliche Untersuchung, bevor wir dich wieder auf die Welt loslassen.«

»Na ja, wenn man bedenkt, dass ihr schon fast die Gelegenheit gehabt hättet, meine Beerdigung abzuhalten, werde ich das wohl aushalten«, erwiderte Michael mit einem Lächeln.

»Ich hoffe, die Behandlung schließt keine Probefahrten auf einem Segelboot ein«, schaltete sich der Professor ein, der das Gepäck aus dem Kofferraum holte.

»Ihr habt Glück«, sagte der Geistliche. »Wir haben das Boot gestern winterfest gemacht. Aber ich könnte immer noch einen vier- oder fünfstündigen Segeltörn auf dem Boot eines meiner Nachbarn organisieren, wenn ihr daran Interesse habt.«

»Nein, danke. Diese Mühe wollen wir dir wirklich nicht machen«, setzte der Professor leise lachend hinzu. »Michael und ich haben uns vorhin an das erste Mal erinnert, als du uns als Teil deiner Crew auf eine eurer kleinen nachmittäglichen Regatten mitgenommen hast.«

»Das war wirklich niederschmetternd«, sagte Michael. »Ich kann mich nicht erinnern, mich jemals so nutzlos und hilflos gefühlt zu haben. Ich kam mir vor wie ein Käfer, der auf dem Rücken liegt, während du uns in aller Seelenruhe in Lebensgefahr gebracht hast.«

»Das war das erste Mal, dass mein blödes Knie ein Garant fürs Überleben war«, sagte der Professor lachend, der auf diesem berüchtigten Ausflug eine ruhige Kugel geschoben hatte.

»Na ja, wenn ihr eure Meinung noch ändert, lasst es mich einfach wissen«, entgegnete der Geistliche. »Kommt herein und verstaut euer Zeug, und dann könnt ihr mir dabei helfen, letzte Hand an unser Abendessen anzulegen.«

KAPITEL 14

Eine Wahl

Nach einem gemütlichen Essen, bei dem sich die drei Freunde über die neuesten Entwicklungen in ihren Familien auf den aktuellen Stand brachten, saßen sie in der Dämmerung auf der Veranda und blickten hinaus auf den See, in dem sich das Mondlicht spiegelte. Der Geistliche brach das Schweigen.

»Michael, wie geht es dir, wenn du daran denkst, dass du wieder in die Höhle des Löwen gehen musst?«, fragte er.

»Was den rein gesundheitlichen Aspekt betrifft, fühle ich mich wie eine einigermaßen fitte Kampfmaschine, Dank Carlas unnachgiebig liebevoller Fürsorge, die mich konsequent zu meinen Reha-Maßnahmen gezwungen hat«, erwiderte Michael. »Aber um ehrlich zu sein, erwarte ich das, was jetzt auf mich zukommt, mit etwas gemischten Gefühlen.«

»Darüber wollten wir mit dir sprechen«, sagte der Geistliche. »Der Professor und ich haben einen Alternativvorschlag, was deine Rückkehr in den Job betrifft, über den du vielleicht nachdenken solltest.«

»Welchen denn?«, fragte Michael.

»Wir denken darüber nach, ein Zentrum zu gründen, das Führungspersonen wie dir hilft, Tag für Tag ihre Selbstverpflichtung gegenüber geistlicher Relevanz zu erneuern, damit sie nicht wieder in ein Verhaltensmuster fallen, mit dem sie sich selbst statt Gott und anderen Menschen dienen.«

»An deinem Beispiel«, sagte der Geistliche, »haben wir gelernt, dass man in regelmäßigem Kontakt bleiben muss, wenn man jemandem helfen will, sein Denken, sein Herz und sein Verhalten zu verändern. Das ist unverzichtbar. Der andere braucht regelmäßige Unterstützung und gelegentlich auch Coaching.«

»Das stimmt«, nickte Michael.

»Wir haben sogar darüber nachgedacht«, sagte der Professor mit einem Lächeln, »ein 12-Schritte-Programm wie bei den Anonymen Alkoholikern zu entwickeln, das Führungspersonen dabei helfen soll, mit ihren Ego-Problemen klarzukommen.«

»Ich sehe es direkt vor mir«, fügte der Geistliche lachend hinzu. »Ein Raum voller Leute, die einer nach dem anderen aufstehen und sagen: ›Hallo, ich bin Johannes, und ich bin ein Leiter, der von seinem Ego angetrieben wird. Seit drei Wochen ist das Bedürfnis meines Egos nach irdischem Erfolg zu groß, und ich …‹«

»Das könnte einige Leute abschrecken«, grinste der Professor. »Aber wenn man darüber nachdenkt, decken sich die Übungen, die das typische 12-Schritte-Programm enthält, mit dem Ziel, das wir mit unserem Zentrum für Führungspersonen verfolgen: Leitern wie Michael zu helfen, an ihren guten Absichten als dienende Leiter festzuhalten und ihre persönlichen Strategien zu entwickeln, mit denen sie den Versuchungen widerstehen können, in andere Verhaltensmuster abzurutschen. Denn diesen Versuchungen werden sie zweifellos sowohl am Arbeitsplatz als auch zu Hause ausgesetzt sein.«

»Habt ihr schon darüber nachgedacht, wie diese zwölf Schritte aussehen könnten?«, fragte Michael.

»Ja, wir haben sie sogar schon schriftlich formuliert«, sagte der Geistliche und gab Michael ein Blatt Papier.

Zwölf Schritte auf dem Weg zu einem dienenden Führungsstil

1. Ich gebe zu, dass ich bei mehr als einer Gelegenheit den Bedürfnissen und dem Streben meines Egos nach irdischem Erfolg erlaubt habe, meine Position als Führungsperson zu beeinflussen – und dass mein Führungsstil nicht dem dienenden Führungsstil entsprochen hat, den Jesus vorgelebt hat.
2. Ich bin zu der Überzeugung gekommen, dass Gott meine Führungsmotivation, mein Denken und mein Handeln so verändern kann, dass ich ein dienender Leiter nach dem Vorbild Jesu werden kann.
3. Ich habe mich dazu entschieden, meine Bemühungen als Führungsperson Gott zu überantworten und von Jesus dienendes Führen zu lernen, wie er es vorgelebt hat.
4. Ich habe eine tief gehende, ehrliche Inventur meiner Motivation, meines Denkens und Handelns als Führungs-

person vorgenommen und Bereiche identifiziert, die nicht im Einklang mit dienender Führung stehen.

5. Ich habe vor Gott, vor mir selbst und vor mindestens einer weiteren Person zugegeben, wie weit mein Verhalten als Führungsperson von einem Verhalten entfernt ist, das dem Verhalten Jesu als Leiter entspricht.

6. Ich bin voll und ganz bereit, von Gott alle Charakterfehler ausräumen zu lassen, die die Ursache für meine Defizite als Führungsperson darstellen.

7. Ich bitte Gott darum, meine Unzulänglichkeiten auszugleichen und mich gegen die Versuchungen von Anerkennung, Macht und Geld zu schützen.

8. Ich habe eine Liste von Personen aufgestellt, die ich durch mein egoistisches Führungsverhalten verletzt oder geschädigt habe. Ich bin bereit, bei allen Wiedergutmachung zu leisten.

9. Ich habe nach Möglichkeit bei diesen Personen Wiedergutmachung geleistet, es sei denn, ich hätte dadurch sie oder andere verletzt.

10. Ich mache hinsichtlich meiner Rolle als Führungsperson weiterhin persönliche Inventur, und wenn ich mich falsch verhalte, bin ich bereit, dies zuzugeben und mein Verhalten zu ändern.

11. Durch die geistlichen Übungen von Rückzug in die Stille, Gebet und Bibelstudium bemühe ich mich, mein Verhalten als dienende Führungsperson mit dem Vorbild Jesu in Einklang zu bringen. Ich will mich ständig darum bemühen, in erster Linie ein Diener und erst in zweiter Linie ein Leiter für die Menschen zu sein, denen ich im Rahmen meiner Verpflichtungen begegne.

12. Ich werde versuchen, diese Botschaft an andere Führungspersonen weiterzugeben und diese Prinzipien in allen Lebensbereichen umsetzen.

»Das ist ein ausgesprochen umfangreiches Programm«, sagte Michael. »Würde euer Zentrum auch Führungspersonen aufnehmen, die keine Christen sind?«

»Natürlich«, entgegnete der Professor. »Solange sie verstehen und respektieren, dass das grundsätzliche Vorbild für einen dienenden Führungsstil Jesus und das Lehrbuch die Bibel ist. Es geht uns ja nicht darum, Führungspersonen zu Christen zu machen, sondern ihnen zu helfen, zu Leitern zu werden, wie Jesus einer war, und ihr Verhalten als Führungspersonen an den Werten des dienenden Stils auszurichten, den Jesus vorgelebt hat.«

»Diese Vorstellung gefällt mir«, meinte Michael. »Der Prozess, den ihr vorschlagt, spricht dann den Verstand, das Herz und die Hände von Führungspersonen an.«

»Und auf diese Weise können wir die Stärken unserer jeweiligen Fachgebiete vereinen«, erwiderte der Geistliche.

»Ich konzentriere mich auf die Charakterentwicklung und der Professor konzentriert sich auf Methodik. Indem wir die Dimension des Charakters, die untrennbar mit einem dienenden Führungsstil nach dem Vorbild Jesu verbunden ist, mit den Führungsmethoden kombinieren, die der Professor lehrt, sehen wir zwei ganz praktische Vorteile. Zum einen bieten wir Nachfolgern Jesu, aber auch den Menschen, die ihn wertschätzen, eine effektive Möglichkeit an, sein Denken in ihren Alltag und ihre Beziehungen am Arbeitsplatz zu integrieren.«

»Und zum Zweiten«, fuhr der Geistliche fort, »beschreiben die Führungsprinzipien, die der Professor lehrt, wie Christen nach den Vorstellungen Jesu ihre Führungsverantwortung wahrnehmen sollten. Deshalb stellen sie auch ein effektives Modell für die Arbeit innerhalb der Kirche dar.«

»Das ist der ›Win-Win-Aspekt‹ unseres Zentrums«, erläuterte der Professor. »Wir wollten dich fragen, Michael, ob du daran interessiert wärst, bei diesem Projekt mit uns zusammenzuarbeiten? Wir bräuchten jemanden, der das Angebot Führungskräften in der Wirtschaft und auch Leitern in Kirchengemeinden vorstellt und ein Netz von unterstützenden Gruppen im ganzen Land aufbaut. Das Ziel dieser Gruppen ist, Menschen in Führungspositionen dabei zu helfen, alle Aspekte eines dienenden Führungsstils umzusetzen.«

»Das klingt faszinierend«, antwortete Michael. »Ich möchte eure Pläne zwar gerne unterstützen, aber ich denke, ich sollte an meinen alten Platz zurückkehren und zusehen, dass ich in meinem gegenwärtigen Job ein effektiver Leiter werde und mich nicht wieder von meinem Ego vom Kurs abbringen lasse – weder dort noch zu Hause. Das schulde ich den Leuten an meinem Arbeitsplatz und auch Carla und den Kindern und schließlich auch mir selbst ... Und ich glaube, auch euch beiden.«

»Wir haben schon damit gerechnet, dass deine Antwort ablehnend ausfallen würde, aber wir lassen dir die Möglichkeit offen, zu einem späteren Zeitpunkt zu uns zu stoßen«, sagte der Geistliche.

»Und du hast absolut Recht damit, dass für uns viel auf dem Spiel steht«, warf der Professor ein. »Es wäre ganz schön peinlich für deine Spitzenmentoren, wenn du die Sache noch mal versiebst. Beim ersten Mal – Schande für dich. Aber beim zweiten Mal – Schande für uns, wie man so schön sagt.«

»Okay«, sagte Michael verlegen. »Ich werde mich bemühen und euren Ruf dieses Mal etwas besser schützen.«

KAPITEL 15

Die Untersuchung

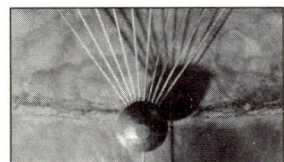

usgezeichnet«, entgegnete der Geistliche. »Und um sicher zu sein, dass es auch so kommen wird, werden wir dir hier, bevor du von hier weggehst, alles mitgeben, was du für deinen Job brauchst. Also fangen wir an.«

»Was habt ihr vor?«, fragte Michael.

»Nun«, sagte der Geistliche, »ich denke, wir sollten dich so behandeln wie ein Boot, das auf dem Trockendock zur Generalüberholung liegt und nun wieder zu Wasser gelassen werden soll. Wir wollen sehen, ob du seetauglich bist.«

»Ich weiß nicht«, sagte der Professor, »das klingt etwas verdächtig.«

»Vertraut mir. Ich denke, es wird ihm helfen«, entgegnete der Geistliche.

»Okay, ich bin dabei«, erwiderte Michael. »Wo fangen wir an?«

»Zuerst wollen wir sicherstellen, dass du die mentalen ›Kletten‹ los bist, die deine Fähigkeit beeinträchtigen könnten, dein Leben als dienende Führungsperson zu leben«, sagte der Geistliche.

»Nur fürs Protokoll, Michael: Was ist schief gelaufen, als du nach New York umgezogen bist?«, fragte der Professor.

»Diese Frage habe ich mir auch gestellt, als ich im Krankenhaus wieder aufgewacht bin, und seitdem stelle ich sie mir unentwegt«, erklärte Michael. »Letztlich läuft es darauf hinaus, dass es eine Kombination aus Egoismus und selbst gewählter Isolation war.«

»Kannst du uns das näher erklären?«, bat der Geistliche.

»Während unserer gemeinsamen Zeit, als ich am Baxter-Projekt arbeitete, war ich mir nicht sicher, dass ich alles richtig machte. Ich betete fast täglich um Richtungsweisung und hoffte, dass die neuen Methoden, die ich anwandte, auch zum Erfolg führen würden.

Als ich nach New York zog und das Baxter-Projekt sozusagen meine Visitenkarte war«, fuhr Michael fort, »wurde ich gebeten, ein weiteres Familienunternehmen wieder fit zu machen, bei dem radikale Umstrukturierungen notwendig waren, um es wieder wettbewerbsfähig zu machen. Aber dieses Unternehmen unterschied sich in drei Punkten vom Baxter-Zentrum: Es war größer, es war komplexer und es war eine Aktiengesellschaft.

Es wurde schnell deutlich, dass radikale Maßnahmen nötig waren, um das Wachstum anzukurbeln und den Wert der Aktien wieder anzuheben, die lange Zeit unter Wert gehandelt wurden. Man musste sich von weniger profitablen Sparten trennen und neue Unternehmen dazukaufen, um die florierenden Unternehmensteile zu stützen. Als der Druck größer wurde, geriet ich in Panik und überlegte mir nur noch den jeweils nächsten Schritt. Mein ganzes Denken wurde von meiner Angst und meinem Stolz bestimmt. Ich verlor völlig aus dem Blick, dass ich in Gottes bedingungsloser Liebe sicher und geborgen war. Ich konzentrierte mich nur noch darauf, möglichst gut vor den Aktionären dazustehen.

Ohne es zu merken, kümmerte ich mich mehr und mehr ausschließlich um meinen Ruf statt um meine Seele. Je mehr Lob und Anerkennung ich von den Aktionären und den Leuten an der ›Wall Street‹ bekam, desto härter arbeitete ich und desto stärker redete ich mir ein, etwas Besonderes zu sein. Ich war endlich oben und ich genoss es.«

»Was meinst du damit, wenn du sagst, dass du dich nur noch um deinen Ruf gekümmert hast?«, hakte der Professor nach.

»Wenn ich zurückdenke, fing alles scheinbar völlig harmlos an«, erwiderte Michael. »Zuerst ärgerte ich mich leicht, wenn ich negative Rückmeldung auf etwas bekam, das ich in die Wege geleitet hatte, oder wenn die Leute nicht sofort begriffen, worauf ich hinauswollte, wenn ich ihnen etwas erklärte.

Als ich von mir und den Leuten um mich herum mehr und mehr erwartete, den Vorstellungen von ›Michael dem Großen‹ zu entsprechen, wurde ich zunehmend ungeduldig und schließlich geradezu intolerant gegenüber allem und jedem, der meine Zeit verschwendete. Wenn es meinen Zielen nicht dienlich war – und meine Ziele waren in meiner Vorstellung immer absolut gut und richtig –, ließ ich die anderen jedes negative Feedback schmerzhaft spüren oder betrachtete es als Zeichen von Respektlosigkeit. Schließlich trat das ein, wovor ihr mich gewarnt habt: Ich verhielt mich, als ob die Schafe zum Nutzen des Hirten da wären.«

»Das passiert leider einer Menge Manager.« Der Professor nickte.

»Ich war mir bewusst, dass etwas schief lief«, sagte Michael, »und trotzdem war die Versuchung, so zu denken, zu stark. Mir war das zu diesem Zeitpunkt nicht bewusst, aber

es forderte einen hohen Tribut von mir und den Leuten um mich herum, einschließlich Carla und den Kindern.«
»Wie hat sich das geäußert?«, fragte der Geistliche.

»Als es mir immer wichtiger wurde, den öffentlichen Beifall zu erhalten, schob ich alles andere in meinem Leben in die Warteschleife, auch die Menschen, zu denen ich die engsten Beziehungen hatte. Das ist auch der Grund, warum ich auf eure Anrufe nicht mehr reagiert habe.«
»Das war es also«, sagte der Professor lachend. »Wir dachten schon, du hast was gegen uns.«
»Nein, eigentlich nicht.« Michael lächelte. »Ich denke, es lag eher daran, dass ich mich selbst nicht leiden konnte. Je mehr Aufmerksamkeit ein Projekt von mir forderte, desto intoleranter wurde ich gegenüber den Gefühlen anderer Menschen und gegenüber Fehlschlägen, die ich einstecken musste. Schließlich richtete sich diese Intoleranz nicht nur gegen andere, sondern auch gegen mich. Ich konnte mich immer wieder zu weiteren Überstunden im Büro überreden.

Manchmal konnte ich im Spiegel einen Hauch dessen sehen, was mit mir geschah«, fuhr Michael fort. »Und mir gefiel nicht, was ich sah. Statt mich jedoch den Tatsachen zu stellen, packte ich den Spiegel in eine Kiste, sperrte sie ab und wurde aggressiv, wenn jemand den Vorschlag machte hineinzuschauen. Als mich eure Anrufe dann daran erinnerten, was los war, fand ich immer irgendeinen Grund, um das Gespräch kurz zu halten und abzubrechen. Als ihr schließlich – aus gutem Grund – den Versuch aufgegeben habt, zu mir durchzudringen, fühlte ich mich einerseits wie von einer Last befreit, aber andererseits war ich auch traurig und fühlte mich noch einsamer.«
»Das tut mir Leid«, erwiderte der Professor. »Wir wissen, dass wir dich im Stich gelassen haben.«
»Gebt euch nicht die Schuld dafür. Ich war eine harte Nuss«, erwiderte Michael, »und ich habe es euch verdammt schwer gemacht. Um die ganze Sache abzukürzen: Ich war

ein allzu williges Opfer für mein Ego. Und wie ihr vorausgesagt habt, ging es mir nur noch darum, mir selbst statt Gott zu dienen.«

»Ich weiß, dass das eine schmerzhafte Zeit für dich war«, sagte der Geistliche. »Aber aus dem, was du uns gerade erzählt hast, höre ich heraus, dass sich deine Einstellung verändert hat.«

»Ich hoffe es«, antwortete Michael. »Ich bin so dankbar, dass ich eine zweite Chance bekommen habe, ein neuer Mensch zu werden. Ich will jetzt ein Leiter werden, auf den ihr alle stolz sein könnt.«

»Es ist schon ziemlich spät«, sagte der Geistliche, »ich würde sagen, dass du die Kletten von deinem Herzen abgestreift hast und nun bereit bist für die nächste Phase dieser Inspektion. Aber die, schlage ich vor, verschieben wir auf morgen früh.«

»Klingt gut«, erwiderte Michael müde. »Und danke, dass ihr für mich da seid.«

»Kein Problem«, sagte der Professor, erhob sich aus seinem Stuhl und nahm Michael in den Arm. »Ich wünschte nur, wir hätten das schon früher machen können. Aber nun haben wir dich an der Angel und wir lassen dich nicht wieder los.«

KAPITEL 16

Der Klärungsprozess

Am nächsten Morgen war es kalt geworden und es regnete immer wieder leicht. Michael stand leise auf, um eine Runde zu laufen. Seit der Arzt ihm wieder erlaubt hatte, Sport zu treiben, war dies zu einem festen Bestandteil seines Tagesablaufs geworden.

Nachdem der Geistliche den Tag wie an jedem Morgen begonnen hatte – nämlich mit Gebet –, machte er Frühstück und zündete ein Feuer im Kamin an, das den ganzen Tag über brennen sollte.

Der Professor schlief aus. Er genoss die schweren Campingdecken und das Rauschen des Regens, bis ihn der Duft des Kaffees und das Prasseln des Feuers wach werden ließen.

Als sich die drei Männer nach einem gemütlichen Frühstück vors Feuer setzen, wandte sich der Geistliche an Michael.

»Bevor wir mit unserer Checkliste weitermachen, könnte es vielleicht hilfreich sein, uns noch einmal die negativen Auswirkungen von Stolz und Egoismus vor Augen zu führen. Diese Auffrischung wird dir helfen, in guter Verfassung zu bleiben, wenn du wieder deine Führungsposition übernimmst.«

»Ich bin ganz Ohr«, sagte Michael.

»Gut«, begann der Geistliche. »Erstens: *Ein egoistisches Herz trennt immer.* Es trennt uns von Gott, von anderen Menschen und von uns selbst.

Zweitens: *Ein egoistisches Herz vergleicht immer.* Es ist nie zufrieden und findet keinen Frieden in dem, was es bereits hat, solange eine andere Person mehr hat.

Drittens: *Ein egoistisches Herz macht uns immer etwas vor.* Es führt zu Arroganz, Selbstgefälligkeit und Furcht, und das alles in gleichem Maße.

Es gibt zwei Bibelverse, die du auswendig lernen kannst, damit sie dich davor bewahren, dass Stolz in deinem Leben wieder Raum einnimmt. Im Matthäus-Evangelium, Kapitel 16, Vers 26 fragt Jesus: ›Was hat ein Mensch davon, wenn er die ganze Welt gewinnt, aber zuletzt sein Leben verliert?‹ Der andere Vers stammt aus dem Römer-Brief, Kapitel 12, Vers 3: ›Niemand soll sich über andere erheben und höher von sich denken, als es angemessen ist. Bleibt bescheiden und sucht das rechte Maß!‹«

»Guter Tipp«, antwortete Michael. »Ich habe mit Sicherheit den Kontakt zu meiner Seele verloren und ich will das nicht noch einmal erleben.«

»Wir auch nicht«, stimmte ihm der Geistliche zu. »Gehen wir also zum nächsten Punkt des Check-ups über: dein Ruder- und Steuermechanismus.«

»Sein was?«, fragte der Professor.

»Sein Ruder- und Steuermechanismus«, erwiderte der Geistliche mit einem Lächeln.

»Ich habe es geahnt«, sagte der Professor. »Ich wusste,

dass uns dieses ganze Segelzeug noch weiter verfolgen würde. Aber noch mal für normale Menschen: Wovon redest du?«

»Geduldet euch noch einen Augenblick«, sagte der Geistliche. »Ihr werdet gleich sehen, worauf ich hinauswill. Was für eine Rolle spielen Ruder und Steuer auf einem Boot?«

»Nun, Käptn«, entgegnete der Professor augenzwinkernd, »ich vermute, dass man damit dahin kommt, wo man hin will.«

»Ausgezeichnet«, sagte der Geistliche. »Und was würde passieren, wenn dieser Mechanismus schlecht konstruiert wäre oder unzureichend gepflegt wird?«

Michael schaltete sich ein: »Man würde vermutlich bei schwerer See Probleme bekommen und nie dort ankommen, wo man hin will.«

»Ganz wie diese Unterhaltung«, sagte der Professor mit einem Lachen und wandte sich an den Geistlichen. »Ich werde allmählich seekrank. Spanne uns nicht länger auf die Folter.«

»In Ordnung«, antwortete der Geistliche. »Was sind Michaels Ruder beziehungsweise sein Steuer?«

»Ich glaube, ich kenne die Antwort«, sagte Michael. »Die Prinzipien, Werte und Konzepte, die ich als Führungsperson verwende, um die Richtung meiner Organisation zu steuern.«

»Du hast es erfasst!«, rief der Geistliche aus.

»Gott sei Dank haben wir wieder trockenen Boden unter den Füßen«, warf der Professor grinsend ein.

»Ich denke, deine Analogie beschreibt ganz gut, wie ich in diese Schwierigkeiten geraten konnte«, sagte Michael. »Mein Ruder- und Steuermechanismus war aus den Fugen. Ich habe zwar nicht an Gedächtnisschwund gelitten, nachdem das Baxter-Projekt abgeschlossen war, und alles vergessen, was ihr beide mir beigebracht habt, aber ich war so von meiner eigenen Wichtigkeit in Anspruch genommen, dass die ganzen guten Führungsprinzipien meinem Ego Platz machen mussten.«

»Wenn du jetzt in die Zukunft schaust«, fragte der Professor, »denkst du, dass du in Bezug auf effektives Führen den Teil, der den Kopf betrifft, geklärt hast?«

»Nicht so gut wie den Teil, der meine innere Einstellung betrifft«, antwortete Michael. »Es würde nicht schaden, einen kleinen Auffrischungskurs in die Methodik des Führens zu bekommen.«

KAPITEL 17

Am Anfang steht eine klare Vision

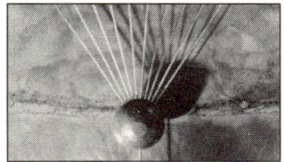

Wenn ich mit eurer Hilfe die Freude am Dienen wieder entdecken kann«, fuhr Michael fort, »welche wesentlichen Führungskonzepte stimmen mit Jesu Konzept einer dienenden Führungsperson überein?«

Er wandte sich an den Professor: »Ich nehme an, dass sich in den letzten fünf Jahren, seit wir zum letzten Mal zusammengesessen haben, einige eurer Erkenntnisse geändert haben.«

»Und auch verbessert, hoffe ich«, sagte der Professor lachend.

»Da bin ich mir sicher.« Michael lächelte. »Angenommen, ihr könntet nur eine Stunde Zeit mit einer Führungsperson verbringen, die ein dienendes Herz hat – was würdet ihr ihr über die Methodik des Führens beibringen? Ich muss nicht alles wissen – nur ein paar grundlegende Konzepte, mit denen ich die Ergebnisse erzielen kann, auf die es wirklich ankommt.«

»Gute Idee«, entgegnete der Professor. »Aber bevor ich damit beginne, möchte ich einige Irrtümer über dienendes Führen ausräumen. Wenn ich in den letzten Jahren mit Top-Managern über dieses Thema gesprochen habe, war oft richtiggehender Widerstand gegenüber diesem Begriff zu spüren.«

»Warum das?«, hakte Michael nach.

»Sie gingen davon aus«, erklärte ihm der Professor, »ein dienender Führungsstil bedeute, dass sie für ihre Leute arbeiten sollten und dass ihre Leute nicht nur entscheiden konnten, wie sie arbeiten wollten, sondern auch was ihre Aufgabe war und wann und wie sie erledigt werden sollte. Für sie klang dieses Konzept so, als ob Häftlinge ein Gefängnis leiteten.«

»Vermutlich hatten sie wie ich Angst, dass es bei diesem Führungsstil darum ging, es allen recht zu machen«, meinte Michael. »Was hast du ihnen gesagt?«

»Ich musste mir sehr schnell was einfallen lassen«, sagte der Professor lachend. »Nein, Scherz bei Seite, ich war darauf vorbereitet. Seit der Arbeit mit dir habe ich sehr viel nachgedacht. In diesem Prozess wurde mir klar, dass Führung zwei Aspekte hat – den Teil der Vision und den Teil der Umsetzung.«

»Hört man nicht manchmal, dass der Teil der Vision Aufgabe der Führung und der Teil der Umsetzung Aufgabe des Managements ist?«, fragte Michael.

»Ja«, sagte der Professor. »Aber ich bin mittlerweile zu dem Schluss gelangt, dass die Führung-gegen-Management-Debatte unproduktiv ist. Meiner Ansicht nach gehört sowohl der Part der Vision – ›das Richtige tun‹ – als auch der Part der Umsetzung – ›Dinge richtig tun‹ – zur Aufgabe eines Leiters.«

»Eine Vision zu haben ist sehr wichtig«, entgegnete auch der Geistliche. »Eine Vision entwirft ein Bild von der Zukunft, das Begeisterung im Leiter weckt; und dieser Begeisterung wollen die Leute dann folgen. In der Bibel heißt es treffend: ›Ohne prophetische Weisung wird ein Volk zügellos.‹[11] Mit anderen Worten: Ohne Richtungsweisung von oben verschwinden Gesetz und Ordnung. Ohne Vision geht ein Volk oder auch ein Unternehmen zugrunde.«

»Wenn man als Führungsperson seine Leute ohne Richtungsweisung und Führung lässt, sind sie bald verloren, und die Organisation wird darunter grenzenlos leiden«, fügte der Professor hinzu.»Richtlinien sind Grenzen. Sie kanalisieren die Energie in eine bestimmte Richtung. Es ist wie bei einem Fluss. Wenn man das Ufer wegnimmt, ist es kein Fluss mehr. Sein Schwung und seine Richtung sind verloren. Das Ufer hält den Fluss am Fließen.«

»Und welche Grenzen brauchen Menschen, damit ihre Energie Richtung und Ziel hat?«, fragte Michael.

»Eine klare Vision hat vier Aspekte: Zweck, Werte, Bild und Ziele. Der *Zweck* stellt klar, worum es eigentlich geht. Sie definiert die fundamentalen Gründe, warum man als Organisation existiert. Die *Werte* legen fest, wie sich Menschen verhalten sollten, wenn sie an dieser Absicht arbeiten«, erklärte der Professor.»*Bild* malt eine Vorstellung davon, wie alles aussehen würde, wenn es wie geplant läuft. Und die *Ziele* bündelt die Energien der Leute.«

»Eigentlich habe ich alle vier Punkte im Baxter-Zentrum umgesetzt«, sagte Michael.»In der ersten Woche habe ich mich mit allen achthundert Beschäftigten in verschiedenen Gruppen getroffen. Bei jedem Treffen habe ich die Absicht, die Werte, die Vorstellung und langfristige Ziele abgesteckt. Ich glaube, ich habe die Karte immer noch, auf der ich das alles notiert habe.«

Michael zog bei diesen Worten sein Portemonnaie aus der Tasche. Er brauchte nicht lange, um eine seiner alten Baxter-Karten zu finden. Dann blickte er auf.»Ich habe diese Karte immer aus völlig sentimentalen Gründen aufgehoben. Leider habe ich sie mir seit einigen Jahren nicht mehr angeschaut.«

Er las vor, was auf der Karte stand:

Zweck:
Ein City-Center zu schaffen, das unserer Stadt die beste Vielfalt und Qualität an Einkaufsmöglichkeiten, Restaurants und Unterhaltungsangeboten bietet.

Werte:
Ethik – das Richtige tun.
Beziehungen – begeisterte Kunden, übereifrige Mitarbeiter, zufriedene Besitzer, kooperative und zufriedene Zulieferer und unterstützende Mitbürger in der Stadt.
Erfolg – eine gut laufende und Profit abwerfende Organisation aufbauen.

Bild:
Wir wollen das beste City-Center im Land sein. Wenn die Leute an Wiederbelebung der Innenstädte denken, werden sie an das Baxter-Zentrum denken. Die Leute werden aus dem ganzen Land anreisen, um unser Erfolgsgeheimnis herauszufinden.

»Ich kann mich noch daran erinnern, dass alle diese kleinen Baxter-Geschäftskarten voller Stolz mit sich herumtrugen«, sagte der Professor. »Aber auf der Karte werden deine Ziele nicht erwähnt. Und ich weiß, dass dir klar ist und auch damals schon klar war, dass am Anfang jeder guten Leistung klare Ziele stehen.«

»Das hast du ihm ja auch ziemlich oft eingetrichtert«, warf der Geistliche lachend ein.

»Am Ende jedes Treffens ging ich auf die langfristigen Ziele ein. Ich bat jeden, mir eine Karte mit folgendem Text zu unterschreiben: ›Wir, die Mitarbeiter des Baxter-Zentrums, wollen die Besten sein – wir wollen den Maßstab für alle Unternehmen dieser Art setzen.‹

Dann bat ich alle Leute, einen nach dem anderen mit der unterschriebenen Karte nach vorne zu kommen. Das tat ich, damit jeder wusste, worum es dem Unternehmen ging. Als sie mir die Karte aushändigten, steckte ich jedem von ihnen einen Bumerang ans Revers. Als sie fragten: ›Warum ein Bumerang?‹, antwortete ich: ›Was passiert, wenn man einen Bumerang wirft?‹

Und alle brüllten: ›Er kommt zurück!‹

›Das ist unser langfristiges Ziel‹, erklärte ich ihnen. ›Wir wollen die Besten sein – wir wollen den Maßstab für alle Unternehmen dieser Art setzen –, und wir wollen, dass alle Kunden wiederkommen.‹«

»Ich denke, dass du die Vision und die Richtung für das Baxter-Projekt gut vermittelt hast«, sagte der Professor. »Alle herausragenden Organisationen haben einen visionären Leiter an der Spitze, der der Organisation und den Mitarbeitern immer wieder vor Augen hält, wie sie in Zukunft sein werden. Menschen werden von Visionen inspiriert. Wenn sie eine Vision erst einmal verstanden haben, können sie sie umsetzen und andere Menschen inspirieren.«

»Ich erinnere mich noch gut daran, wie wir zum ersten Mal über diesen Aspekt von Führung und die Bedeutung einer klaren Vision gesprochen haben«, wandte sich der Geistliche an den Professor. »Damals habe ich zum ersten Mal erkannt, dass effektives Führen nicht nur etwas mit dem Charakter zu tun hat, sondern auch mit Methodik.«

»Beide Bereiche sind wichtig«, stimmte ihm der Professor zu.

»Das ist richtig«, sagte der Geistliche. »Je mehr ich darüber nachdachte, desto mehr wurde mir bewusst, wie wenig ich Jesus als Lehrer für Führungsmethoden sah. Mir wurde auch klar, wie kompatibel das, was du lehrtest, mit der Art und Weise war, wie Jesus seine Jünger ausbildete und mit ihnen umging.«

»Das ist schon eine ganze Zeit lang her. Könntest du uns ein paar Beispiele geben?«, sagte Michael.

»Natürlich«, antwortete der Geistliche. »Als Jesus seine ersten Jünger, Simon Petrus und dessen Bruder Andreas, die beide Fischer waren, berief, sagte er: ›Kommt, folgt mir! Ich mache euch zu Menschenfischern.‹[12]«

»Das ist interessant«, meinte der Professor. »Auf diese Weise führte Jesus seinen Jüngern von Anfang an ein größeres Ziel vor Augen, als einfach nur Fischer zu sein.«

»Als ich über die Bedeutung von Leidenschaft oder Begeisterung in einer Vision nachdachte«, fuhr der Geistliche fort, »erinnerte ich mich daran, dass Jesus auch sagte: ›Ich aber bin gekommen, um ihnen das Leben zu geben, Leben im Überfluß.‹[13]

›Leben im Überfluss‹«, wiederholte der Geistliche. »Jesus gab leidenschaftlich gerne. Er hatte eine Welt vor Augen, die von Liebe und Wahrheit geprägt war.«

»Waren Liebe und Wahrheit denn die höchsten Werte von Jesus?«, fragte Michael.

»Wenn man die Bibel betrachtet, scheinen diese beiden Werte über allen anderen zu stehen«, antwortete der Geistliche. »›Auch wenn alles einmal aufhört – Glaube, Hoffnung und Liebe nicht. Diese drei werden immer bleiben; doch am höchsten steht die Liebe.‹[14] Und in Bezug auf Wahrheit sagte Jesus: ›Dann werdet ihr die Wahrheit erkennen, und die Wahrheit wird euch frei machen.‹[15]«

»Und was war sein langfristiges Ziel?«, fragte Michael.

»Am Ende seines Dienstes hinterließ Jesus seinen Jüngern ein einziges riesiges Ziel: ›Darum geht nun zu allen Völkern der Welt und macht die Menschen zu meinen Jüngern und Jüngerinnen! Tauft sie im Namen des Vaters und des Sohnes und des Heiligen Geistes, und lehrt sie, alles zu befolgen, was ich euch aufgetragen habe.‹[16]«

»Das ist wirklich ein langfristiges Ziel«, nickte Michael.

»Ich verstehe nun, warum die Leute Jesus nachfolgen wollten«, meinte der Professor. »Er gab ihnen klare Richtungsweisung und Hoffnung für dieses und das nächste Leben.«

»Und sein Vater gab ihm wiederum Richtungsweisung.« Der Geistliche lächelte.

»Die Richtung anzugeben gehört also zum visionären Aspekt von Leitung«, sagte der Professor. »Und für diese Führungsfunktion kann die traditionelle hierarchische Pyramide aufrecht stehen bleiben.«

»Aufrecht stehen bleiben?«, fragte Michael.

»Ja. Die meisten Organisationen haben eine Hierarchie, die wie eine Pyramide strukturiert ist«, sagte der Professor. »Ich gehe davon aus, dass das bei deiner jetzigen Firma auch so ist. Wer steht an der Spitze eurer Hierarchie? Du?«

An den Geistlichen gewandt, antwortete Michael: »Du würdest wahrscheinlich sagen, dass Jesus an der Spitze steht, aber ich bin der Präsident. Ich bin gegenüber einem Direktorium verantwortlich, das mich eingestellt hat und das mich auch jederzeit feuern kann.«

»Und wer steht in eurer offiziellen Hierarchie ganz unten?«, fragte der Geistliche.

»Ich würde sagen, unsere Mitarbeiter – die Leute, die im Alltagsgeschäft am häufigsten direkt mit unseren Kunden zu tun haben. Ist daran irgendetwas falsch?«

»Nein, nicht, solange du weißt, wo die Vorteile einer traditionellen Hierarchie liegen und an welchem Punkt die Effektivität sinkt«, sagte der Professor.

Dann fragte er den Geistlichen mit einem Augenzwinkern: »Ging Mose mit einem Komitee auf den Berg, um die Zehn Gebote in Empfang zu nehmen?«

»Natürlich nicht«, antwortete der Geistliche lachend. »Sonst wäre er vermutlich nie mehr heruntergekommen.«

»Oder vielleicht wäre er dann mit drei Geboten und sieben Vorschlägen heruntergekommen«, fügte der Professor lächelnd hinzu. »Menschen erwarten von ihren Führern Vision und Richtungsweisung, deshalb ist die traditionelle Hierarchie für diesen Teil der Führungsfunktion effektiv. Auch wenn man erfahrene Mitarbeiter in die konkrete Ausformung der Richtung einbeziehen soll, kann man diese Funktion als Führungsperson nicht delegieren. Die Verantwortung für die Formulierung einer Vision und der Bestimmung der Richtung fällt dir als Leiter zu.«

»Und was ist mit dem Bereich der Umsetzung?«, fragte Michael.

»Warum machen wir nicht eine kurze Pause und widmen uns diesem Thema nach dem Mittagessen?«, schlug der Professor vor.

»Gute Idee«, sagte Michael. »Mein Arbeitsspeicher ist schon gefährlich mit Informationen überlastet.«

»Meiner auch«, schaltete sich der Geistliche ein.

KAPITEL 18

Ein radikal neuer Führungsstil

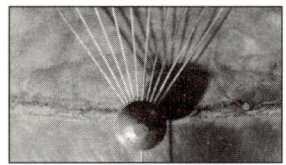

N ach dem Mittagessen schürte der Professor das Feuer wieder, während es sich der Geistliche und Michael gemütlich machten.

»So«, begann Michael, »und jetzt zum Eigentlichen – zur Umsetzung.«

»Bei der Umsetzung fangen die Probleme für Unternehmen und Führungspersonen meistens an«, erklärte ihm der Professor. »Die traditionelle Hierarchie in Form einer Pyramide wird aufrechterhalten. Wenn das geschieht, für wen arbeiten die Leute ihrer Ansicht nach? Für die Person, die über ihnen, oder für die, die unter ihnen steht?«

»Natürlich für die Person über ihnen«, erwiderte Michael. »Für ihren Chef.«

»Richtig«, sagte der Professor. Er zeichnete eine Skizze auf seinen Schreibblock und zeigte sie den anderen.

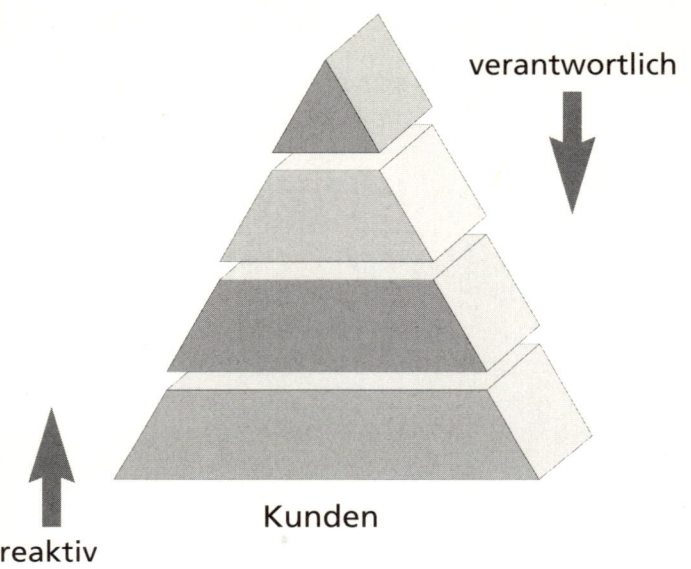

verantwortlich

Kunden

reaktiv

»Doch in dem Augenblick, in dem man denkt, dass man für die Person arbeitet, die in der Hierarchie über einem steht, geht man davon aus, dass der Chef die *Verantwortung* hat und man nur auf ihn und seine Launen und Wünsche *reagieren* muss. Die Folge ist, dass die Energie in einem Unternehmen die Hierarchie nach oben wandert, weg von den Kunden – oder im Fall unseres Geistlichen weg von der Gemeinde – und weg von den Personen, die am stärksten in die Umsetzung involviert sind. Die Leute berichten mir immer wieder, dass das Schlimmste, was ihnen passieren könnte, der Verlust ihres Chefs wäre«, sagte der Professor. »Vor allem dann, wenn sie endlich aus ihm schlau geworden sind. Denn dann müssen sie einen neuen Chef verstehen lernen und herausfinden, was er oder sie möchte.«

»Das kommt auch in einigen Kirchengemeinden vor.« Der Geistliche nickte zustimmend.

»Und es kommt ganz sicher in meiner Umgebung vor«, bekannte Michael.

»Leider passiert das immer wieder und in allen Arten von Organisationen«, sagte der Professor. »Als Folge verbringen die wichtigsten Personen in einem Unternehmen – diejenigen, die in direktem Kontakt mit den Kunden stehen – die meiste Zeit damit, über die Schulter nach hinten zu schauen und herauszufinden, was ihr Chef von ihnen erwarten könnte, statt sich auf die Bedürfnisse und Anliegen der Kunden zu konzentrieren. Sie gehen auf die Anliegen der Kunden ein wie eine Ente.«

»Eine Ente?«, fragte Michael verwirrt.

»Ja«, entgegnete der Professor. »Im Leben gibt es zwei Arten von Menschen: Enten und Adler. Enten reagieren auf jedes Problem mit einem panischen ›Quak! Quak! Quak!‹. Adler dagegen erheben sich in die Luft und kümmern sich um jedes auftretende Problem.«

»In Organisationen begegnet man mehr Enten als Adlern, oder?«, kommentierte der Geistliche.

»Darauf kannst du Gift nehmen«, antwortete Michael. »Sogar in meinen eigenen.«

»Immer wenn man einer Ente begegnet, weiß man, dass die traditionelle Hierarchie herrscht«, sagte der Professor lachend. »Ich bin erst letzte Woche auf eine Ente gestoßen.«

»Wo denn?«, fragte Michael.

»Ich war beruflich unterwegs und kam morgens um zehn Uhr in mein Hotel. An der Rezeption sagte man mir, mein Zimmer sei im zehnten Stock, ich könne dort einchecken. Als ich im zehnten Stock ankam, wurde ich von einer strahlenden, energiegeladenen Frau begrüßt. Sie checkte mich ein, sagte aber, ich könne erst ab zwei Uhr nachmittags in mein Zimmer gehen, da das Hotel in der Nacht zuvor ausgebucht gewesen sei. Das war für mich kein Problem. Sie bot mir an, mein Gepäck in Verwahrung zu nehmen und es dann in mein Zimmer zu bringen. Alles ging gut, bis sie sagte: ›Kann ich sonst noch etwas für Sie tun?‹

›Ja‹, entgegnete ich. ›Ich möchte einen Reisescheck einlösen.‹

›Oh, nein‹, sagte sie. ›Das geht nicht.‹ (Quak! Quak!)

›Warum nicht?‹, fragte ich.

›Ich habe Ihre Zimmernummer nicht.‹ (Quak! Quak!)

›Was meinen Sie damit?‹

›Ich muss die Zimmernummer auf jedem Scheck eintragen. (Quak! Quak!) Und ich weiß Ihre Zimmernummer noch nicht.‹

›Aber Sie haben doch mein Gepäck‹, sagte ich.

›Ich weiß, aber so lauten unsere Vorschriften‹, sagte sie. (Quak! Quak!)

›Das ist eine gute Vorschrift‹, entgegnete ich, ›aber sie macht keinen Sinn, wenn Sie das Gepäck von jemandem haben.‹

›Es tut mir Leid, ich bin hier nur angestellt.‹ (Quak! Quak!) Ich bin nicht für die Vorschriften verantwortlich. (Quak! Quak!) Möchten Sie mit meinem Vorgesetzten sprechen?‹« (Quak! Quak!)

»Am Ende verteidigen die Leute dann also ihre Vorschriften, statt ihrem Kunden einen Dienst zu erweisen«, warf der Geistliche ein.

»Natürlich«, sagte der Professor, »weil sie denken, dass es das ist, was ihr Chef von ihnen erwartet. Schließlich werden sie nicht dafür bezahlt, dass sie denken.«

»Das ist eigentlich lächerlich, oder?«, sagte Michael.

»Natürlich«, stimmte der Professor zu. »Früher war ich immer sauer auf diese Leute, bis mir klar wurde, dass es nicht ihre Schuld war. Für wen arbeitete diese Frau wohl, für eine Ente oder einen Adler?«

»Für eine Ente.« Michael lächelte. »Wenn sie für einen Adler arbeitete, würde er sie fressen – entweder besser ausbilden oder feuern.«

»Normalerweise quakt die vorgesetzte Ente einfach auf einer höheren Ebene«, erklärte der Professor. »Und für wen, denkt ihr, arbeitet die vorgesetzte Ente?«

»Für eine weitere Ente«, antwortete Michael. »Die wiederum für eine Ente arbeitet, die für eine weitere Ente arbeitet. Und wer sitzt schließlich an der Spitze der Hierarchie?«

»Eine Riesenente«, lachte Michael. »Das wäre wirklich komisch, wenn es nicht so traurig wäre. Wie korrigiert man diese Situation?«

»Eine Möglichkeit besteht darin, die traditionelle Hierarchie im Bereich der Umsetzung umzudrehen und auf den Kopf zu stellen. Damit überträgt man den Personen, die Kundenkontakt haben, Verantwortung.«

»Wenn man die Pyramide auf den Kopf stellt, wer steht denn dann an der Spitze einer Organisation?«, fragte der Geistliche.

»Die Personen, die Kundenkontakt haben«, antwortete der Professor. »Und wer steht in diesem Fall dann wirklich an der Spitze der Organisation?«

»In meinem Fall sind es die Kunden«, sagte Michael. »Bedeutet das dann, dass ich am unteren Ende der Hierarchie stünde?«

»Genau«, bejahte der Professor. »Wer dient wem, wenn es um Umsetzung geht, wenn du die Pyramide auf den Kopf stellst?«

»Ich diene meinen Leuten«, antwortete Michael.

»Da du eine Führungsperson bist, sind deine Mitarbeiter deine Kunden. Diese eine Veränderung scheint zwar klein zu sein, macht aber einen sehr großen Unterschied aus.«

»Ich könnte mir vorstellen, dass der Unterschied darin besteht, wer die Verantwortung trägt und wer auf wen eingeht«, sagte Michael.

»Du hast es erfasst.« Der Professor nickte zustimmend. »In der traditionellen Hierarchie ist der Chef immer verantwortlich, und seine Mitarbeiter sind dazu da, auf den Chef einzugehen oder ihm zu dienen.« Der Professor zeichnete rasch eine zweite Skizze.

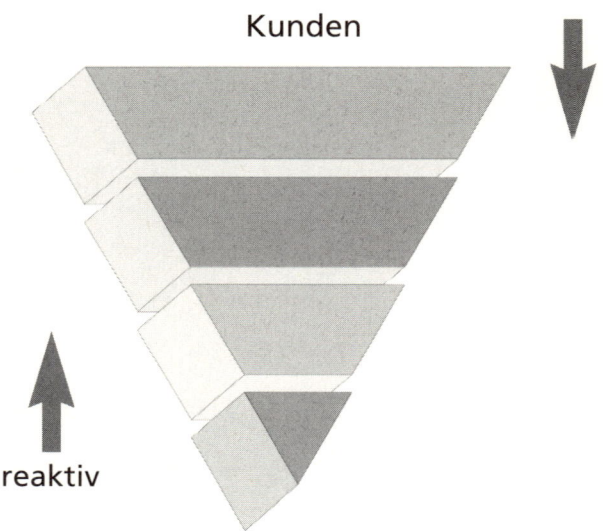

verantwortlich

Kunden

reaktiv

»Wenn man die Pyramide auf den Kopf stellt, verändert sich die Hierarchie und die Rollen werden vertauscht. Die Mitarbeiter bekommen Verantwortung übertragen, und die Aufgabe des Leiters besteht darin, auf seine Mitarbeiter einzugehen und ihnen zu dienen.«

»Bedeutet das, dass der Chef seinen Mitarbeitern keine Anweisungen mehr erteilen kann?«, fragte Michael.

»Nein!«, erwiderte der Geistliche. »Wenn es Aufgabe des Leiters ist, sich um seine Leute zu kümmern oder ihnen zu dienen, bedeutet das, dass er ihnen all das gibt, was sie brauchen, um ihre Ziele erreichen zu können. Und wenn sie dazu Richtungsweisung brauchen, dann sollten sie sie auch bekommen. Wenn sie Unterstützung brauchen, sollte ihnen der Leiter Unterstützung geben.«

»Das verändert die Atmosphäre für die Umsetzung völlig, oder?«, fragte Michael.

»Ja, das stimmt«, bejahte der Professor. »Meine Tochter erlebte das beispielsweise vor kurzem, als sie während der Sommerferien bei einer großen Einzelhandelskette jobbte. Nach ein paar Wochen fragte ich sie, wie es wäre, dort zu arbeiten, weil man immer so viel über den besonderen Service dieser Geschäfte hörte. Sie sagte: ›Es ist völlig anders. Der erste große Unterschied ist das so genannte Orientierungsprogramm. Bevor er beginnt, für das Unternehmen zu arbeiten, muss jeder Mitarbeiter zuerst in seiner Abteilung ein Orientierungsprogramm durchlaufen. Im ersten Teil dieses Programms geht es darum, allen beizubringen zu sagen: ‚Kein Problem!‘ Sie wollen, dass ihre Mitarbeiter Verantwortung übernehmen.

Und der zweite Punkt, der anders ist, ist mein Chef. Etwa drei- oder viermal am Tag kommt er bei mir vorbei und fragt, ob er irgendetwas für mich tun kann. Er verhält sich so, als würde er für mich arbeiten.‹

In großen Serviceunternehmen wie diesem gehört es zur Firmenphilosophie, dass jeder Manager für seine Leute arbeitet. Aus dieser dienenden Rolle heraus kann eine effektive Führungskraft ermutigen, unterstützen, Richtungsweisung geben, coachen und alles tun, um seinen Mitarbeitern zu helfen, wie Adler aufzusteigen und erfolgreich zu sein. Dies ist echte dienende Führung. Nun ist die Führungsperson ein Diener. Und das ist doch genau das, was Jesus vorgelebt hat, oder?«

»Ja«, sagte der Geistliche. »Es ist interessant, wenn man in die Geschichte schaut. Dann stellt man fest, dass alle großen Könige und Königinnen ihre Untertanen losgeschickt haben, um für sie zu sterben. Jesus war der einzige König, der sich entschloss, für seine Leute zu sterben.«

»Das ist die auf den Kopf gestellte Hierarchie in Vollendung.« Michael lächelte.

»Ja«, sagte der Geistliche. »Wenn wir über einen dienenden Führungsstil reden, kann uns Jesus aber auch selbst dann ein Vorbild sein, wenn wir sein Opfer völlig außer Acht lassen.«

»Was weißt du über Jesus als Führungsperson?«, fragte der Professor Michael.

»Vermutlich nicht genug«, entgegnete Michael. »Aber als wir damals zusammengearbeitet haben, wurde mir bewusst, dass Jesus wahrscheinlich der einzige religiöse Führer war, der ein Leitungsteam aufbaute.«

»Und zwar ein Team, das aus zwölf unerfahrenen Leuten bestand«, sagte der Professor lachend. »Er hätte ja auch gute Prediger anwerben können.«

»Das ist richtig«, stimmte ihm der Geistliche lächelnd zu. »Keiner der Nachfolger, die er auswählte, hatte den Hintergrund, den man als Voraussetzung erwartet hätte. Manche Leute sind davon überzeugt, dass der Einzige einigermaßen Gebildete Judas war.«

»Und er war dann auch das einzige Fluktuationsproblem«, scherzte der Professor.

»Richtig«, sagte der Geistliche. »Aber davon abgesehen, bildete Jesus die anderen zu einem richtig guten Team aus.«

»Ich habe lange Zeit geglaubt, dass das Wichtigste für eine Führungsperson nicht das ist, was passiert, wenn man da ist, sondern das, was passiert, wenn man nicht da ist«, bemerkte der Professor. »Normalerweise kann man die Leute dazu bringen, das zu tun, was man möchte, wenn man anwesend ist. Aber in Wahrheit kommt es darauf an, was sie tun, wenn sie alleine arbeiten. Als Jesus nicht mehr körperlich anwesend war, schienen seine Nachfolger aber ausgesprochen erfolgreich zu sein. Wie hat er das geschafft?«

»Er hatte ihnen einen dienenden Führungsstil vorgelebt. Jesus musste ständig Fragen beantworten wie: ›Wie werde ich der Erste?‹ Oder: ›Wer ist der Größte?‹«, erläuterte ihnen der Geistliche. »Seine Antworten deckten sich. Im Markus-Evangelium erklärte er seinen Jüngern: ›Wer der Erste sein will, der muß der Letzte von allen werden und allen anderen dienen!‹[17] Und im Lukas-Evangelium heißt es: ›Wer unter euch den geringsten Platz einnimmt, ist wirklich groß.‹[18] Im Licht der Radikalität dessen, was er sie lehrte«, sagte der Geistliche, »war es wichtig, dass Jesus seinen Jüngern sowohl durch seine Worte als auch durch sein Handeln klarmachte, was er meinte.

Als Jesus seinen Jüngern die Füße wusch, wie wir es im Johannes-Evangelium nachlesen können«, fuhr der Geistliche fort, »machte er deutlich, um was es bei einem dienenden Führungsstil wirklich ging.

Als er das Waschen der Füße beendet hatte, zog er sein Obergewand wieder an, kehrte auf seinen Platz zurück und sagte:

›Begreift ihr, was ich eben getan habe?‹ fragte er sie. ›Ihr nennt mich Lehrer und Herr. Ihr habt recht, das bin ich. Ich bin euer Herr und Lehrer, und doch habe ich euch soeben die Füße gewaschen. So sollt auch ihr euch gegenseitig die Füße waschen. Ich habe euch ein Beispiel gegeben, damit auch ihr so handelt, wie ich an euch gehandelt habe. Amen, ich versichere euch: Ein Diener ist nicht größer als sein Herr und ein Bote nicht größer als sein Auftraggeber. Das wißt ihr jetzt; Freude ohne Ende ist euch gewiß, wenn ihr auch danach handelt!‹«[19]

»Welch eine Erfahrung muss das für diesen Herrn und Lehrer gewesen sein, sich selbst zu demütigen und den anderen einen so persönlichen und intimen Dienst zu erweisen«, sagte Michael.

121

»Als Jesus seine Jünger lehrte, die Diener aller zu sein, sandte er sie aber nicht ohne klare Anweisungen aus, oder? Und er bekam seine Anweisungen buchstäblich von der Spitze der Hierarchie«, erklärte der Professor lächelnd.

»Ja, das stimmt«, pflichtete ihm der Geistliche bei. »Als Jesus die Vision vom Reich Gottes und von der Gnade durch Erlösung weitergegeben hatte, sandte er seine Jünger aus, um andere Menschen zu unterstützen, Richtungsweisung zu geben, sie zu ermutigen und zu coachen – um deine Worte zu gebrauchen – und ihnen dabei zu helfen, die notwendige Entscheidung zu treffen.«

»Mit anderen Worten«, wiederholte Michael, »der Geist eines dienenden Führungsstils, der sich symbolisch in der Fußwaschung ausdrückte, war erst einsatzfähig, nachdem die Vision und die Richtung klar waren.«

»Wenn du davon sprichst, einen dienenden Führungsstil in Organisationen umzusetzen, dann erwartest du von den Führungskräften aber nicht, dass sie für ihre Leute sterben, oder?«, fragte der Geistliche lächelnd.

»Nicht im wörtlichen Sinn«, sagte der Professor. »Aber ich erwarte von ihnen, dass sie freiwillig ihre Zeit opfern und Anstrengungen unternehmen, ihren Leuten zuzuhören, sie zu loben und zu ermutigen und ihnen zu helfen, erfolgreich zu sein.«

»Gibt es noch etwas, das du Führungspersonen gerne beibringen würdest?«, fragte Michael.

»Ja«, antwortete der Professor. »Ich denke, eine der Aufgaben einer dienenden Führungsperson ist es, ein guter Coach zu sein. Aber vielleicht heben wir uns diesen Punkt bis nach dem Essen auf. Ich könnte eine Pause zur Entspannen gebrauchen.«

»Klingt gut«, sagte Michael. »Es ist fantastisch, wieder mit euch zusammen zu sein. Ich kann euch gar nicht sagen, wie sehr ich eure Liebe, Fürsorge und die Zeit zu schätzen weiß, die ihr für Carla und mich geopfert habt.«

»Also, mir ist egal, was andere sagen, ich finde, du bist einfach in Ordnung«, sagte der Geistliche lächelnd.

Michael lachte.

KAPITEL 19

Die dienende Führungsperson als Coach

Nach dem Essen beschlossen die drei Männer, einen Spaziergang zu unternehmen. Es war ein wunderschöner Abend und der See glühte im Licht der untergehenden Sonne.

»Jetzt erzählt mir was über Coaching«, sagte Michael.

»Coaching ist vielleicht die beste Antwort auf Leute, die denken, dass ein dienender Führungsstil gleichbedeutend damit ist, es allen recht machen zu wollen, wie du es getan hast, Michael«, begann der Professor.

»Ich erzähle euch vielleicht zuerst, was ich früher über dieses Thema gedacht habe. Früher verkündete ich, dass Leute, die sich wohl fühlen, auch gute Leistungen bringen.«

»Stimmt das etwa nicht?«, fragte der Geistliche.

»Doch«, sagte der Professor. »Aber nach einer Weile wurde mir klar, dass ich vielleicht in die alte Beziehungsfalle getappt war. Man kann auch zu großen Wert darauf legen, dass sich die Leute wohl fühlen, und den Leistungsaspekt dabei völlig vernachlässigen. Wenn das geschieht, hat man am Ende zwar einen hohen moralischen Standard, aber nur eine geringe Arbeitsleistung. Aber man will schließlich beides.

Deshalb drehte ich den Satz um und sagte, dass Leute, die gute Leistungen erbringen, sich auch wohl fühlen. Für mich besteht die Aufgabe einer dienenden Führungsperson in erster Linie darin, den Mitarbeitern zu helfen, gute Leistungen zu erbringen, indem sie ihnen Verhaltensweisen und Werte vorlebt und vermittelt, die im Einklang mit der gemeinsamen Vision stehen. Wenn das geschieht, gewinnt die ganze Organisation, und die Leute fühlen sich wohl.«

»Und wie erreicht man das?«, fragte Michael.

»Lass mich ein Beispiel aus der Zeit erzählen, als ich noch am College unterrichtete. Ich hatte damals ständig Schwierigkeiten. Das lag daran, dass mich einige der besten Ausschüsse der Fakultät besonders im Auge behielten. Was die Fakultät am meisten aufregte, war die Tatsache, dass ich den Studenten am ersten Seminartag bereits die Fragen für die Abschlussprüfung austeilte.«

»Wirklich?«, rief Michael aus.

»Die Fakultät reagierte genauso wie du«, sagte der Professor. »Sie fragten mich: ›Was, um Himmels willen, tun Sie da?‹

Ich sagte: ›Jetzt bin etwas verwirrt.‹

Sie entgegneten: ›Ja, das merkt man.‹

Ich antwortete: ›Ich dachte, wir seien dazu da, um diesen Studenten etwas beizubringen.‹

›Sind Sie auch‹, sagten sie. ›Aber deswegen sollen Sie den Studenten nicht die Fragen der Abschlussklausur austeilen.‹

Ich antwortete: ›Ich werde den Studenten nicht nur die Fragen für die Abschlussprüfung geben, sondern was denken Sie, werde ich das ganze Semester über machen? Ich werde den Studenten auch die Lösungen beibringen, damit sie Einser in den Klausuren schreiben können.‹«

»Warst du dafür bekannt, dass man bei dir leicht gute Noten bekommen konnte?«, fragte der Geistliche.

»In der Fakultät schon, aber die Studenten merkten, dass ich sie wirklich forderte, weil die Prüfungen nicht einfach waren. Ich habe die Erfahrung gemacht, dass die Leute keine Angst vor hoch gesteckten Zielen haben, so lange sie wissen, dass der Manager auf ihrer Seite steht.«

»Stehen nicht die meisten Manager auf der Seite ihrer Mitarbeiter?«, fragte Michael.

»Nicht, wenn sie keinen dienenden Führungsstil praktizieren«, antwortete der Professor. »Effektives Führungsmanagement besteht aus drei Faktoren: Ergebnisplanung, Coaching in der Umsetzungsphase und Ergebnisauswertung.«

»Wie sieht die Ergebnisplanungsphase aus?«, fragte der Geistliche.

»In dieser Phase steckt man die Ziele ab. Erinnert euch: Am Anfang jeder guten Leistung steht ein klar definiertes Ziel. In meinem Beispiel gehörte zur Planungsphase, dass ich den Studenten die Fragen für die Abschlussprüfung aushändigte.«

»Deine Studenten kannten die Ziele für das Semester also mit Sicherheit«, kommentierte der Geistliche.

»Genau«, sagte der Professor. »Zum Coaching in der Umsetzungsphase gehört, die Leistung der Leute zu beobachten, Fortschritte zu loben und sie zu korrigieren, wenn sie vom Kurs abkommen. Zu dieser Phase zählte für mich, dass ich den Studenten die Lösungswege zu den Prüfungsfragen beibrachte.«

»Ich vermute, dass die Prüfung am Ende des Semesters der Leistungsauswertung entspricht«, sagte Michael.

»Richtig«, entgegnete der Professor. »Welcher dieser drei Phasen – Ergebnisplanung, Coaching in der Umsetzungsphase und Ergebnisauswertung – denkt ihr, widmen die meisten Manager am meisten Aufmerksamkeit und Bemühungen?«

»Ich vermute, der Ergebnisplanung«, erwiderte Michael.

»Das ist leider richtig. Wenn ich Organisationen besuche und nach ihrer Leistungsauswertung frage, zeigen sie mir ihre Auswertungsbögen. Ich erzähle ihnen normalerweise, dass sie die meisten dieser Formulare ins Altpapier werfen können.«

»Warum das?«, fragte Michael.

»Diese Formulare fragen meistens lächerliche Dinge ab wie ›Bereitschaft, Verantwortung zu übernehmen‹, ›Eigeninitiative‹, ›Einsatzbereitschaft‹. Solche Dinge sind sehr schwer zu beurteilen und das Urteil fällt völlig subjektiv aus. Die Folge ist, dass jeder nur versucht, dem Chef zu gefallen und von ihm geschätzt zu werden. Dann kommt die traditionelle Hierarchie voll zum Tragen.«

»Das wollte ich gerade fragen«, sagte Michael. »Wie passt die Hierarchie hier hinein?«

»Wenn es um Ergebnisplanung geht, sollte die traditionelle Hierarchie bestehen bleiben«, antwortete der Professor. »Mit anderen Worten: Leiter auf allen Ebenen repräsentieren die Ziele der Organisation und sollten deshalb am meisten Einfluss auf individuelle Ziele haben.«

»Bedeutet das, dass man die Leute nicht in die Zielplanung mit einbezieht?«, fragte Michael. »Erzählen die Leiter ihnen einfach, wie ihre Ziele aussehen?«

»Natürlich nicht, vor allem nicht, wenn sie einen dienenden Führungsstil praktizieren«, erwiderte der Professor. »Und je mehr Erfahrung die Leute haben, desto mehr werden sie in die Zielplanung einbezogen. Aber die entscheidenden Impulse müssen vom Leiter kommen. Wenn es um Coaching in der Umsetzungsphase geht, kippt die hierarchische Struktur langsam um, und die dienende Führungsperson beginnt, für ihre Leute zu arbeiten. An diesem Punkt sind die Ziele klar definiert, und jetzt konzentriert sich der dienende Leiter darauf, seinen Leuten dabei zu helfen, diese Ziele zu erreichen.«

»Aber ist die Ergebnisplanung einiger Unternehmen nicht ganz gut?«, fragte Michael. »Ich weiß, dass unser Unternehmen gut ist – alle unsere Manager setzen die Ziele zusammen mit ihren Leuten.«

»Du wärest überrascht, wenn du wüsstest, wie wenige Organisationen das tun«, erwiderte der Professor. »Aber selbst in Organisationen, in denen sich Manager mit ihren Leuten zusammensetzen und sich auf Ziele einigen, fallen diese Ziele oft unter den Tisch und sind bis zum Ende des Jahres vergessen – denn dann sollen die Manager die Leistung ihrer Mitarbeiter bewerten.«

»Das kommt mir bekannt vor«, sagte Michael. »Am Ende des Steuerjahres bricht immer die verzweifelte Suche nach den festgelegten Zielen aus, damit die Manager die Auswertungsbögen für ihre Leute komplett ausfüllen können.«

»In einer solchen Umgebung ist es schwierig, einen dienenden Führungsstil zu praktizieren«, fuhr der Professor fort.

»Warum?«, fragte Michael.

»Weil das ständige Coaching in der Umsetzungsphase das am meisten vernachlässigte Element in diesem 3-Schritte-System ist«, erläuterte ihm der Professor. »Und doch ist Coaching das wichtigste Element eines dienenden Führungsstils, wenn es darum geht, Menschen dabei zu unterstützen, ihre Ziele zu erreichen. Wenn die Ziele erst einmal klar sind, sollten Führungspersonen mit einer dienenden Haltung von einem zum anderen gehen und ihren Mitarbeitern die Lösungswege beibringen. Und wenn diese Leute dann ihre Abschlussprüfung absolvieren, bekommen die meisten von ihnen die Note eins. Für dienende Führungspersonen geht es im Leben überwiegend darum, anderen

Leuten zu helfen, gute Noten zu schreiben. Sie wollen ihre Leute auf der Gewinnerseite sehen. Sie fühlen sich nicht von Menschen bedroht, die gute Leistungen bringen.«

»Was mich interessiert«, sagte Michael, »ist, wie man die Leute dazu bringt, gute Noten zu schreiben. Mit anderen Worten: Wie macht man aus potenziellen Gewinnern tatsächliche Gewinner?«

»Es gibt fünf Schritte, an denen du dich orientieren kannst, wenn du potenziellen Gewinnern helfen willst, eine bestimmte Aufgabe gut zu bewältigen, unabhängig davon, ob du gerade anwesend bist oder nicht«, begann der Professor. *»Erstens musst du ihnen sagen, was genau sie zu tun haben. Und zweitens musst du ihnen zeigen, was sie tun sollen.* Das gilt vor allem für weniger erfahrene Leute. Sie sind oft von dem Job begeistert, den sie angetreten haben, aber sie haben oft keine Ahnung, was sie tun sollen oder wie sie es tun sollen. Wenn du ihnen dann nur die Verantwortung überträgst und sie alleine lässt, werden sie scheitern. Das passiert leider sehr oft, deshalb sind die beiden nächsten Schritte besonders wichtig.

Im dritten Schritt lässt man sie versuchen, das zu tun, was sie tun sollen. Und im vierten Schritt geht es darum, ihre Leistung zu beobachten. Dieser vierte Schritt wird am häufigsten vergessen. Manche Manager sind gut darin, ihren Leuten zu sagen und zu zeigen, was sie tun sollen. Dann verschwinden sie und erscheinen erst wieder, wenn Probleme auftauchen. Das nennen wir Möwen-Management.«

Michael lächelte. »Möwen-Management?«

»Ja«, sagte der Professor. »Möwen-Manager tauchen nur auf, wenn es Probleme gibt. Dann fliegen sie an, machen eine Menge Lärm, scheißen alle zusammen und fliegen wieder davon.«

»Keine schöne Sache«, sagte der Geistliche. »Und sicher kein dienender Führungsstil.«

»Aus diesem Grund ist der vierte Schritt – die *Beobachtung* – so wichtig, wenn man potenzielle Gewinner anleiten will. Er ist die Grundlage für den *fünften Schritt, bei dem es darum geht, Fortschritte zu loben oder die Richtung zu korrigieren.* An dieser Stelle findet das eigentliche Coaching statt. Wenn man Leute ausbilden will, ist es besonders wichtig, sie dabei zu ›erwischen‹, wenn sie etwas richtig machen – oder schon vorher, wenn sie etwas nahezu richtig machen. Lobe Fortschritte – Fortschritte sind bewegliche Ziele.«

»Das ist wirklich neu«, sagte Michael. »In den meisten Organisationen verbringen die Manager den größten Teil ihrer Arbeitszeit damit, die Leute möglichst dabei zu erwischen, wenn sie etwas falsch machen.«

»Ich weiß«, pflichtete ihm der Professor bei. »Und das entmutigt die Leute. Wenn man Menschen fördern will, muss man das Positive betonen. Führungspersonen, die einen dienenden Stil praktizieren, wissen das.«

»Und was mache ich, wenn jemand etwas falsch macht?«

»Als dienende Führungsperson bringst du ihn wieder auf den richtigen Kurs und zeigst und sagst ihm noch einmal, was er tun soll. Du fängst den ganzen Prozess wieder von vorne an. Wenn man zu Beginn eng mit den Leuten zusammenarbeitet und sie anfangen, sich weiterzuentwickeln, können sie nach einer Weile den Kurs selbst halten. Dann musst du sie nicht mehr so intensiv unterstützen und betreuen.«

»Genau das hat ja auch Jesus mit seinen Nachfolgern getan«, sagte der Geistliche. »Er modifizierte seinen Ausbildungsansatz, je mehr Erfahrung die Jünger in dem bekamen, was sie tun sollten – Menschenfischer zu sein. Und schließlich gelangten sie an den Punkt, an dem sie in der Lage waren, ihrem Auftrag gerecht zu werden, auch ohne dass er körperlich anwesend war.«

»Das ist interessant.« Der Professor nickte.

»Als Jesus die Zwölf jeweils zu zweit aussandte, gab er ihnen eindeutig sehr konkrete Anweisungen«, erläuterte der Geistliche und schlug seine Bibel auf. »Ich lese es euch vor:

›*Er befahl ihnen, nichts mit auf den Weg zu nehmen außer einem Wanderstock; kein Brot, keine Vorratstasche und auch kein Geld. ,Sandalen dürft ihr anziehen', sagte er, ,aber nicht zwei Hemden übereinander!'* *Weiter sagte er: ,Wenn jemand euch aufnimmt, dann bleibt in seinem Haus, bis ihr von dem Ort weiterzieht. Wenn ihr in einen Ort kommt, wo die Leute euch nicht aufnehmen und euch auch nicht anhören wollen, dann zieht sogleich weiter und schüttelt den Staub von den Füßen, damit sie gewarnt sind.'*‹[20]

Diese Anweisungen gab er den Männern sehr früh in ihrer Ausbildung. Später, davon haben wir schon gesprochen, ist Jesus an dem Punkt angelangt, an dem er an seine Jünger delegieren kann. Er sagt ihnen, was wir am Ende des Matthäus-Evangeliums nachlesen können:

›*Gott hat mir unbeschränkte Vollmacht im Himmel und auf der Erde gegeben. Darum geht nun zu allen Völkern der Welt und macht die Menschen zu meinen Jüngern und Jüngerinnen!*
Tauft sie im Namen des Vaters und des Sohnes und des Heiligen Geistes, und lehrt sie, alles zu befolgen, was ich euch aufgetragen habe.‹[21]

Er hatte Autorität und übertrug diese Autorität an seine Nachfolger. Aber er coachte und betreute sie so lange, bis er nicht mehr körperlich anwesend war.«

»Aber hast du nicht mal gesagt«, fragte Michael, »dass Jesus ihnen versprochen hatte, für immer bei ihnen zu sein?«

»Das stimmt«, erwiderte der Geistliche. Er sagte: ›Und das sollt ihr wissen: Ich bin immer bei euch, jeden Tag, bis zum Ende der Welt.‹[22] Eine gute dienende Führungsperson ist immer für ihre Leute da, wenn sie sie brauchen. Jesus ist heute für uns da, wenn wir bereit sind, unser Ego zurückzustellen und ihn um Hilfe zu bitten.«

Michael nickte. »Jesus war also der perfekte Coach – und so sollte ich vermutlich auch sein.«

»Völlig richtig«, sagte der Professor. »Das ist die letzte wichtige Methode, die du lernen solltest, um eine dienende Führungsperson sein zu können.«

»Wenn du dein dienendes Herz wieder entfachst«, sagte der Geistliche, »und es mit den Methoden kombinierst, die der Professor beschrieben hat, bist du auf dem richtigen Weg.«

»Apropos richtiger Weg«, warf Michael ein. »Ich glaube, wir sollten langsam wieder zur Hütte zurückgehen, es wird allmählich dunkel.«

Als sie still nebeneinander herliefen, brach Michael schließlich das Schweigen. »Ich glaube, meine größte Sorge in dem Ganzen ist, dass ich den richtigen Weg aus den Augen verliere. Ich weiß verstandesgemäß ganz genau, was richtig für mich ist. Aber ich mache mir immer noch Sorgen darüber, ob ich es schaffe, am Ball zu bleiben.«

»Das bringt uns zum letzten Punkt meiner Segelboot-Analogie«, sagte der Geistliche. »Es hat mit deinem Kompass und dem Navigationssystem zu tun. Oder um es deutlicher zu formulieren: Es geht darum, wie du den Kurs halten kannst, auch wenn die See rau ist.«

»Genau das ist der Punkt«, sagte Michael.

»Lasst uns das für morgen aufheben«, schloss der Professor. »Das ist ein guter Punkt für den Abschluss unserer gemeinsamen Zeit.«

KAPITEL 20

Die Hände lenken

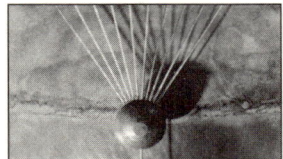

Am nächsten Morgen schlug der Geistliche vor, gemeinsam ins nächste Dorf zu gehen und ihr Gespräch beim Frühstück in einem Restaurant fortzusetzen, das bekannt war für seine Blaubeer-Pfannkuchen. Nachdem sie ihre Bestellungen aufgegeben und es sich am Tisch bequem gemacht hatten, wandte sich der Geistliche an Michael.

»Ich glaube, ich weiß, was dir Sorgen macht. Selbst wenn deine Motive rein sind und dein Kopf klar ist: Was ist dann mit deinen Händen – mit deinem Verhalten?«

Bei diesen Worten schrieb der Geistliche zwei Worte auf eine Papierserviette: Hingabe und Durchhaltevermögen. Dann strich er die beiden Worte durch.

»Gott weiß, dass du deine Hingabe und dein Durchhaltevermögen auf Dauer nicht aufrechterhalten kannst«, fuhr er fort. »Niemand von uns ist perfekt.«

Dann schrieb er zwei neue Worte auf die Serviette: Annahme und Vertrauen.

»Wir müssen zuallererst die bedingungslose Liebe annehmen, die uns angeboten wird.«

»Das ist aber sehr schwer, vor allem, wenn man kein Christ ist«, sagte Michael.

»Sicher. Aber es geht um eine Entscheidung. Ich möchte euch beiden eine Frage stellen: Liebt ihr eure Kinder?«

Michael und der Professor lächelten beide und nickten.

»Gut«, sagte der Geistliche. »Dann möchte ich euch beiden noch eine weitere Frage stellen: Hängt eure Liebe für eure Kinder von deren Erfolg ab? Mit anderen Worten: Wenn sie erfolgreich sind, liebt ihr sie, aber wenn sie keinen Erfolg haben, liebt ihr sie nicht?«

»Natürlich nicht«, antwortete Michael. »Ich liebe meine Kinder, egal, wie viel Erfolg sie haben oder auch nicht haben.«

»Ich auch«, fügte der Professor hinzu.

»Dann liebt ihr eure Kinder bedingungslos?«

»Ich denke schon«, sagte Michael.

Der Geistliche fuhr fort: »Warum wollt ihr dann diese bedingungslose Liebe nicht für euch selbst annehmen?«

»Ich sehe, worauf du hinauswillst«, sagte Michael. »Unser Leben würde völlig anders aussehen, wenn wir die bedingungslose Liebe annehmen würden, die uns jeden Tag zusteht.«

»Richtig«, pflichtete der Geistliche bei. »Und wenn wir dann Jesus als demjenigen vertrauen, der uns vergibt, der uns Vorbild und Wegweiser sein kann, dann haben wir die Chance, am Ball zu bleiben.

Jesus lebte uns einige ausgezeichnete Führungsgewohnheiten vor, die ihn selbst auch auf die Widrigkeiten und Versuchungen seines Alltags als Leiter vorbereiteten und ihn hindurchtrugen«, fuhr der Geistliche fort. »Hier kommt jetzt der Zusammenhang zur Navigation. Jesus nahm sich in allen größeren Krisen seines Dienstes Zeit, um sicherzustellen, dass er noch in die richtige Richtung ging. Er kontrollierte seinen geistlichen Kompass, indem er sich Zeiten der Stille und des Gebets nahm. Er eichte alles, was er tat, regelmäßig auf den Norden, das heißt, auf den Willen seines Vaters. Darin zeigte er auch uns, wie wir als gute Führungspersonen auf dem richtigen Kurs bleiben können.

Der beste Rat, den ich dir, Michael, geben kann, und die größte Herausforderung für uns alle ist, unsere Augen auf Jesus – unseren geistlichen Norden – auszurichten und jeden Tag Zeit damit zu verbringen, ihn um Richtungsweisung und Hilfe zu bitten.

Im Markus-Evangelium gibt es eine Geschichte, die mich sehr getroffen hat, als ich sie vor ein paar Monaten wieder einmal gelesen habe. Sie berichtet von einem frühen Zeitpunkt im Dienst Jesu, als er einmal bis spät in den Abend Menschen heilte und Dämonen austrieb. Die Leute aus dem Ort versammelten sich vor der Tür des Hauses, in dem er wohnte.«

Der Geistliche schlug seine Bibel auf und sagte:»Dann berichtet der Text, was am nächsten Tag geschah:

›*Am nächsten Morgen verließ Jesus lange vor Sonnenaufgang die Stadt und zog sich an eine abgelegene Stelle zurück. Dort betete er. Simon und seine Gefährten zogen ihm nach und fanden ihn. ,Alle suchen dich', sagten sie.*‹[23]

Wenn man das liest«, fuhr der Geistliche fort,»spürt man geradezu die Aufregung in den Stimmen der Jünger, die losgezogen waren, um Jesus zu finden. Sie wollten ihn dazu bringen, die Leute zufrieden zu stellen und sie durch seine Heilungswunder für ihre Sache zu gewinnen.

Die Antwort Jesu aber drückt das aus, was ich sagen will. Er antwortete ihnen: ›Wir wollen jetzt weitergehen, in die umliegenden Dörfer. Ich muß auch dort die Gute Nachricht verkünden, denn dazu bin ich gekommen.‹[24]

Trotz des Druckes, dort weiterzuarbeiten, wo er willkommen war, gehorchte Jesus einer höheren Berufung, die ihn an einem anderen Ort haben wollte. Er machte das Beste aus der ihm zur Verfügung stehenden Zeit und seinen Möglichkeiten, um sein Ziel zu erreichen, und verzichtete darauf, beliebt zu sein. Diese Unterscheidungsfähigkeit und Zielgerichtetheit kam aus seiner Gemeinschaft mit Gott und seiner geistlichen Neuausrichtung.

Stille, Gebet und tägliches Bibelstudium scheinen für jeden von uns wichtig zu sein, um auf dem richtigen Kurs bleiben zu können, wenn wir uns bemühen, andere Menschen anzuleiten und zu führen, wie Gott es von uns möchte.«

»Ich kann das sehr gut nachvollziehen«, sagte Michael. »Als ich nach New York kam, war mit das Erste, das in meinem Tagesablauf litt, meine Zeit mit Gott und mein Gebetsleben. Ich erkenne heute, dass das eine der Hauptursachen für meine Probleme war. Je weniger Zeit ich mit Gott verbrachte und mich auf seine Vision und Werte konzentrierte, desto größer wurde meine Isolation und desto mehr suchte mein Ego nach anderen Wegen, sich gut zu fühlen.«

»Diese Einsicht ist eine sehr große Leistung, Michael«, erwiderte der Geistliche.

»Ich hoffe es«, sagte Michael.

»Was sind deine Ziele, wenn du wieder zurück in deinen Job kommst?«, fragte der Professor.

»Darüber habe ich viel nachgedacht«, antwortete Michael. »Ich denke, ich sollte vier Ziele verfolgen, wenn ich mehr als nur irdischen Erfolg haben und mich auf geistliche Relevanz konzentrieren will.

Erstens will ich Gott in allem ehren, was ich tue.

Zweitens will ich meinen Mitarbeitern dabei helfen, ihr Potenzial völlig auszuschöpfen.

Drittens will ich mich darum bemühen, unseren Kunden so gut wie möglich zu dienen. Und viertens will ich den Gewinn unseres Unternehmens steigern.«

»Großartige Ziele«, sagte der Geistliche. »Ich denke, die beiden erstgenannten sollten deine langfristigen Ziele, die beiden anderen deine mittelfristigen Ziele sein.«

»Interessante Trennung«, merkte Michael an. »Der einzige Grund dafür, unsere Kunden so gut wie möglich zu betreuen oder mehr Profit zu erwirtschaften, besteht darin, so Gott zu ehren oder das volle Potenzial meiner Mitarbeiter auszuschöpfen.«

»Ja, genau!«, sagte der Geistliche.

Als sie zum Haus zurückkamen, bereiteten Michael und der Professor ihre Abfahrt zum Flughafen vor, um ihre Flüge am frühen Nachmittag zu erreichen. Der Geistliche packte sein Auto für die Heimfahrt.

Auf den Vorschlag des Geistlichen hin verbrachten sie den Rest des Vormittags zunächst in einer gemeinsamen Gebetszeit für ihre Familien und ihre Neuanfänge. Danach zog sich jeder für sich zurück. In dieser Zeit redeten sie mit Gott und hörten auf seine Antwort; sie wollten eine neue Perspektive für das bekommen, was Gott mit ihnen vorhatte.

Als sich der Professor und Michael vom Geistlichen verabschiedeten, versprachen sich die drei Freunde, in regelmäßigem Kontakt zu bleiben, um einander immer wieder zu unterstützen.

»Eine dreifache Schnur«, erinnerte sie der Geistliche, »reißt nicht so schnell.«

KAPITEL 21

Die Umsetzung in die Praxis

Auf dem Flug nach Hause nahm sich Michael zuerst das Blatt vor, das der Geistliche ihm gegeben hatte und auf dem das 12-Schritte-Programm für Führungspersönlichkeiten niedergeschrieben war, und begann, über die drei ersten Schritte nachzudenken. Das sollte er in den kommenden Tagen und Wochen noch häufiger tun, als er sich daran machte, alles, was er über dienendes Führen gehört hatte, in die Tat umzusetzen.

Er musste rasch zugeben, dass er bei mehr als einer Gelegenheit den Bedürfnissen seines Egos und seinem Streben nach Erfolg erlaubt hatte, seine Rolle als Führungsperson negativ zu beeinflussen.

Ich war sicher kein vorbildlicher Leiter, dachte er.

Doch als Ergebnis seiner Gespräche mit dem Geistlichen und dem Professor war Michael zu der Überzeugung gelangt, dass Gott seine Motivation, sein Denken und Handeln so verändern konnte, dass er den dienenden Führungsstil praktizieren konnte, den Jesus vorgelebt hatte. Er beschloss an diesem Tag, seine Bemühungen als Führungsperson in Gottes Hände zu legen. Damit verpflichtete er sich, Jesu Vorbild eines dienenden Führungsstils zu folgen.

Der schwierigste der zwölf Schritte war für Michael der vierte Schritt, in dem es darum ging, eine ehrliche Inventur seiner Führungsmotivation, seines Denkens und Verhaltens zu machen und die Bereiche herauszuarbeiten, die nicht mit dem Konzept des dienenden Führungsstils übereinstimmten. Ihm war von Anfang an klar, dass dies ein permanent ablaufender Prozess sein musste. Sich selbst gegenüber in dieser Beziehung absolut ehrlich zu sein war zwar nicht leicht, aber unabdingbar, um die Grundlage für seinen Weg als Führungsperson zu legen.

Als er an diesem Abend spät zu Hause ankam, erzählte er Carla begeistert, was alles während seiner Zeit mit dem Professor und dem Geistlichen geschehen war. Sie redeten bis zwei Uhr morgens. Michael gab Carla gegenüber zu, dass er sich oft auf eine Weise verhalten hatte, auf die er nicht stolz war.

»Aber ich bin bereit, mein Leben zu ändern und mich Gott anzuvertrauen«, erklärte ihr Michael. »Ich habe ihn gebeten, meine Schwächen auszubügeln und mich gegen die Versuchung von Geld, Anerkennung und Macht stark zu machen.«

Michael bat Carla auch dafür um Vergebung, dass er sie in der Vergangenheit so oft im Stich gelassen hatte. »Von jetzt an«, meinte er, »will ich meine Prioritäten neu ordnen: An erster Stelle kommt Gott, dann du, dann die Kinder und dann erst mein Job. Wenn dann im Büro etwas schief geht, bleibt mir immer noch eine Menge übrig. Früher war alles, was ich getan habe, nach außen gerichtet. Damals war ich von jedem Rückschlag im Job oder immer, wenn etwas nicht nach meinen Vorstellungen lief, völlig am Boden zerstört.«

Während Michael sprach, stieg in Carla Hoffnung auf, aber sie war auch sehr gespannt, was geschehen würde, nachdem das »Hoch« des Wochenendes verflogen war. Sie war jedoch sehr ermutigt, als Michael ihr erzählte, dass die drei Männer bereits für den nächsten Vormittag eine Telefonkonferenz anberaumt hatten.

»Das ist das erste unserer wöchentlichen Treffen, bei denen wir uns immer wieder an unsere Verpflichtungen erinnern wollen«, sagte Michael mit einem Lächeln.

In den folgenden Monaten telefonierten die drei Freunde jede Woche miteinander. Oft saßen der Professor und der Geistliche zusammen vor einem Telefon mit Freisprechanlage – dadurch hatten sie noch etwas Zeit zusammen – und Michael saß in seinem Büro in New York.

Auf Vorschlag des Professors hin nahmen ihre wöchentlichen Gespräche eine genau festgelegte Form an. Sie wechselten sich dabei ab, das Gespräch mit einem kurzen Gebet zu eröffnen, wobei sie das – wie der Geistliche es nannte – »große Dreier-Beratungsteam« um Richtungsweisung während des Gespräches baten: den Vater, der das Ganze ins Leben gerufen hatte, den Sohn, der es vorgelebt hatte, und den Heiligen Geist, der der Coach im Alltag war.

Mit der Bibel als Lehrbuch studierten sie dann Charakteristika oder Methoden eines dienenden Führungsstils. Das war vor allem für Michael und seine Arbeit in der schnell wachsenden Firma von besonderer Relevanz.

Dann wandte sich ihr Gespräch einer Reihe von Fragen zu, die sie sich jedes Mal gegenseitig stellten. Jede Frage bezog sich auf einen Charakteraspekt oder eine Führungsmethode, die sie in ihr Verhalten integrieren wollten. Zunächst konzentrierten sie sich hauptsächlich auf Michaels

Antworten auf diese Fragen, aber schließlich hatten alle drei Männer eine Chance, zu Wort zu kommen und Hilfe zu erfahren. Die Fragen sollten nicht dazu dienen, in offenen Wunden zu bohren oder ungebetene Ratschläge zu erteilen. Sie boten vielmehr Raum für gegenseitige Verbindlichkeit und Unterstützung bei der Umsetzung ihrer guten Absichten. Sie hatten sich auf strikte Vertraulichkeit geeinigt. Nichts durfte die Runde ohne das Einverständnis aller Beteiligten verlassen.

Jedes der Gespräche, die etwa neunzig Minuten dauerten, endete damit, dass jeder der drei Männer ein Gebetsanliegen in einem bestimmten Führungsaspekt für die darauf folgende Woche weitergab.

Während sie ihre Erfolge und Fehlschläge miteinander teilten und miteinander lachten, wurde das Band zwischen den drei Männern so stark wie nie zuvor. Immer wenn einer von ihnen mit einer schwierigen Situation konfrontiert wurde, konnte er darauf zählen, dass die anderen ihn gerade zur rechten Zeit mit einem Telefonanruf unterstützten.

Michael unternahm einige sehr positive Schritte auf seinem Weg zurück zu einem ausgewogenen Leben und zu einem dienenden Führungsstil im Job, als er an seinen Arbeitsplatz zurückkehrte. Selbst mit dem Professor und dem Geistlichen auf seiner Seite hielt er es trotzdem für wichtig, auch vor Ort Unterstützung zu haben. Also rief er die Managerin an, von der er Carla vor seinem Herzanfall erzählt hatte – die Frau, die ihn dadurch beeindruckt hatte, dass sie ihre Prioritäten klar geordnet zu haben schien. Er sprach mit ihr darüber, zusammen mit zwei oder drei anderen Managern eine Gruppe aufzubauen, in der Raum für Gemeinschaft und Verbindlichkeit war. Sie war von der Idee begeistert, und die beiden beschlossen, eine solche Gruppe zu gründen.

Michael entwickelte für sich persönlich auch drei Checklisten, die ihn täglich daran erinnerten, was er zu tun versuchte – dem Beispiel Jesu als Führungsperson, wie es in der Bibel beschrieben wird, zu folgen. Er konnte auf diese Listen immer dann zurückgreifen, wenn er das Gefühl hatte, vom Kurs abzukommen.

Checkliste 1

**Mein dienendes Herz –
der Charakter einer Führungsperson**

1. Effektives Führen kommt von innen.

▶ Echte Verhaltensänderung erfordert letztlich eine Veränderung des Herzens. Dort sitzt der Kern dessen, was ich bin.

▶ Die Botschaft Jesu ist nicht nur an den Verstand gerichtet. Sie richtet sich an mein Herz. Es geht in ihr um Charakterveränderung. Jesus ist daran interessiert, mich in einen anderen Menschen zu verwandeln – in einen guten und fürsorglichen Menschen.

2. Echtes Führen kommt von innen aus einem dienenden Herzen und kehrt sich dann nach außen, um anderen Menschen zu dienen.

▶ Ich bin in erster Linie Diener und erst in zweiter Linie Führungsperson. Deshalb will ich Führung nur dann übernehmen, wenn ich sie als Möglichkeit sehe, anderen zu dienen. Ich bin zu einer Führungsaufgabe »berufen«, nicht dazu getrieben, weil ich von Natur aus anderen helfen möchte.

▶ Jesus wollte seine Jünger nicht in erster Linie zu Führungspersönlichkeiten machen; er wollte sie zu Dienern machen. Er sagte ihnen: »Bei euch muss es anders sein! Wer von euch etwas Besonderes sein will, soll den anderen dienen, und wer von euch an der Spitze stehen will, soll sich allen unterordnen.«[25]

3. Führungspersonen mit einem dienenden Herzen haben bestimmte Charaktermerkmale und Werte:

▶ Mein Hauptziel ist das Wohl der Menschen, die ich führe.

▶ Es befriedigt mich persönlich, das Wachstum und die Entwicklung der Menschen zu beobachten, die ich führe.

▶ Ich empfinde liebevolle Fürsorge für die Menschen, die ich führe.

▶ Ich möchte zur Verbindlichkeit angehalten werden. Ich frage: »Haben meine Bemühungen den Bedürfnissen der Menschen entsprochen, die ich führe?«

▶ Ich bin bereit zuzuhören. Ich lege Wert auf Feedback und Ratschläge – auf alle Informationen, die mir dabei helfen, anderen besser dienen zu können.

▶ Ich habe mein Ego unter Kontrolle. Ich denke deshalb nicht geringer von mir, ich denke nur weniger an mich. Ich lasse Gott nicht außen vor.

Checkliste 2

Mein dienender Verstand –
Führungsmethodik

1. Führen beginnt mit einer klaren Vision.

➤ Es gibt zwei Aspekte von Führung: eine visionäre Funktion (die richtigen Dinge tun) und eine ausführende Funktion (Dinge richtig tun).

➤ Eine Vision ist ein Bild von der Zukunft, das Begeisterung auslöst. Dieser Begeisterung wollen ich und andere Menschen folgen. Eine Organisation ohne klare Vision ist wie ein Fluss ohne Uferbegrenzung – sie stagniert und fließt ins Nichts.

➤ Eine klare Vision hat vier Aspekte:
Zweck: sagt mir und anderen, um was es eigentlich geht.
Bild: gibt eine Vorstellung davon, wie die Dinge aussehen könnten, wenn alles so läuft wie geplant.
Werte: bestimmen, wie ich und andere uns verhalten, wenn wir an der Umsetzung unserer Absicht arbeiten.
Ziele: konzentrieren meine Energie und die Energie von anderen.

➤ Die traditionelle pyramidale Hierarchie ist effektiv für den visionären Aspekt von Führung. Meine Mitarbeiter erwarten von mir als Führungsperson Vision und Richtungsweisung. Während ich erfahrene Personen in die Gestaltung der Richtung einbeziehen sollte, kann und will ich die Verantwortung für die Findung von Vision und Richtung nicht delegieren.

2. *Wenn ich möchte, dass Leute Verantwortung übernehmen, muss ich auf sie eingehen.*

▶ Im Bereich der Umsetzung (entsprechend der gesetzten Vision und Richtung zu leben) fangen für die meisten Führungspersonen und Organisationen die Probleme an. Die traditionelle Hierarchie wird aufrechterhalten; dabei bleiben die Kunden am untersten Ende der Hierarchie auf der Strecke. Die ganze Energie des Unternehmens klettert die Pyramide nach oben, wenn die Mitarbeiter versuchen, auf die Wünsche ihres Chefs einzugehen, dabei aber die Mitarbeiter, die den häufigsten Kundenkontakt haben, zu »Enten« werden lassen, die nur quaken: »Das ist unsere Vorschrift«, »Ich bin nur angestellt« oder: »Möchten Sie meinen Vorgesetzten sprechen?«

▶ Effektive Umsetzung erfordert die Umkehrung der traditionellen Hierarchie. Nun stehen die Mitarbeiter, die den Kontakt zum Kunden haben, an der Spitze der Organisation und können selbstverantwortlich handeln. Sie können auf die Kunden eingehen und wie Adler aufsteigen. Dagegen sind Führungspersonen wie ich dazu da, den Mitarbeitern zu dienen und auf sie einzugehen, ihnen dabei zu helfen, ihre Ziele zu erreichen und entsprechend der vorgegebenen Vision und Richtung zu leben.

▶ Der Kern eines dienenden Führungsstils zeigt sich in Jesus, als er seinen Jüngern die Füße wusch. Er kommt zum Einsatz, wenn alle im Unternehmen Vision und Richtung verstanden haben.

▶ Eine klare Vision kommt aus der traditionellen Hierarchie; die Umsetzung geschieht dann aus einem dienenden Führungsverständnis heraus, in dem der Hirte zum Wohl der Schafe da ist.

3. *Die dienende Führungsperson als Coach.*

▶ Ein effektives Managementsystem besteht aus drei Elementen:
Ergebnisplanung: Am Anfang guter Leistungen stehen immer klare Ziele.
Coaching in der Umsetzungsphase: die Leistung einer Person beobachten, Fortschritte loben, gegebenenfalls die Richtung korrigieren.
Leistungsauswertung: abschließende Beurteilung der Leistung einer Person nach einem bestimmten Zeitraum.

▶ Die meisten Organisationen betonen die Leistungsbewertung und widmen auch der Ergebnisplanung gewisse Aufmerksamkeit. Der am häufigsten vernachlässigte Bereich ist das Coaching in der Umsetzungsphase. Dieser Bereich ist für dienende Führungspersonen am entscheidendsten. Ich will meine Aufmerksamkeit darauf richten.

▶ Als dienende Führungsperson kann ich potenziellen Gewinnern mit folgenden fünf Schritten helfen, zu wirklichen Gewinnern zu werden:

1. Ich sage ihnen, was sie tun sollen.
2. Ich zeige ihnen, was sie tun sollen.
3. Ich lasse es sie selbst versuchen.
4. Ich beobachte ihre Leistung.
5. Ich lobe ihre Fortschritte oder korrigiere ihre Richtung.

▶ Am häufigsten wird der Schritt der Leitungsbeobachtung vergessen. In dem Augenblick, in dem ich die Leistung nicht mehr zur Kenntnis nehme, höre ich auf, Coach zu sein. Nachdem Jesus seinen Jüngern den Missionsauftrag erteilt hattee, sagte er ihnen, er werde immer bei ihnen sein. Er ist immer da und bereit zu helfen. Das sollte auch für alle dienenden Führungspersonen gelten.

▶ Ich will meine Mitarbeiter dadurch fördern, dass ich sie dabei »erwische«, wie sie etwas richtig machen. Wenn sie etwas Neues lernen, lobe ich sie auch, wenn sie etwas nahezu richtig machen. Ich lobe sie für Fortschritte. Ich weiß, dass Fortschritt ein bewegliches Ziel ist.

Checkliste 3

Meine dienenden Hände –
das Verhalten einer Führungsperson

1. *Einen dienenden Führungsstil zu verfolgen bedeutet nicht, es jedem recht zu machen.*

   ▷ Ich möchte Menschen dienen und ihnen dabei helfen, ihre Ziele zu erreichen und effektiv zu arbeiten, aber Priorität hat für mich der Gehorsam gegenüber einer höheren Mission und bestimmten Werten.

   ▷ Jesus bemühte sich nicht darum, es jedem recht zu machen. Ihm ging es einfach nur darum, Gott zu gefallen. Ein dienender Führungsstil ohne eine Beziehung zu Gott kann zu einem Ego-Trip werden.

2. *Dienende Führungspersonen konzentrieren sich mehr auf geistliche Relevanz als auf irdischen Erfolg.*

   ▷ Ich bin mehr daran interessiert, großzügig zu sein als Reichtümer anzuhäufen.

   ▷ Ich bin mehr daran interessiert, anderen zu dienen als selbst Anerkennung zu bekommen.

   ▷ Ich bin mehr daran interessiert, liebevolle Beziehungen aufzubauen als Macht und Status.

   ▷ Wenn ich mich auf geistliche Relevanz konzentriere, kann irdischer Erfolg die Folge sein.

3. Effektive dienende Führungspersonen verfolgen ein dreifaches Ziel.

▷ Ich lege Wert darauf, dass der Profit, den wir erwirtschaften, der Beifall dafür ist, dass wir unseren Kunden dienen und unseren Mitarbeitern ein motivierendes und unterstützendes Arbeitsklima bieten.

▷ Alle drei Faktoren – finanzielle Stärke, begeisterte Kunden und einsatzbereite Mitarbeiter – sind wichtig. Wenn ein Faktor auf Kosten der anderen überbetont wird, wird unsere langfristige Effektivität dadurch eingeschränkt.

4. Effektive dienende Führungskräfte verpflichten sich jeden Tag aufs Neue dazu, dienen zu wollen.

▷ Ich habe eine Gruppe, die mich zur Verbindlichkeit anhält, mich unterstützt und dafür sorgt, dass ich am Ball bleibe.

▷ Ich praktiziere regelmäßig die drei geistlichen Übungen: Stille, Gebet und Bibelstudium.

▷ Ich verfolge die zwölf Schritte zu einem dienenden Führungsstil:

1. Ich gebe zu, dass ich bei mehr als einer Gelegenheit den Bedürfnissen und dem Streben meines Egos nach irdischem Erfolg erlaubt habe, meine Position als Führungsperson zu beeinflussen – und dass mein Führungsstil nicht dem Stil entsprochen hat, den Jesus vorgelebt hat.

2. Ich bin zu der Überzeugung gelangt, dass Gott meine Führungsmotivation, mein Denken und mein
   Handeln so verändern kann, dass ich
   eine dienende Führungsperson nach
   dem Vorbild Jesu werden kann.
3. Ich habe mich dazu entschieden,
   meine Bemühungen als Leiter Gott
   zu überantworten und von Jesus dienendes Führen zu lernen, wie er es
   vorgelebt hat.
4. Ich habe eine tief gehende und
   furchtlose Inventur meiner Motivation, meines Denkens und Handelns
   als Leiter vorgenommen und Bereiche identifiziert, die nicht im Einklang mit dienendem Führen stehen.
5. Ich habe vor Gott, vor mir selbst und
   vor mindestens einer weiteren Person zugegeben, wie weit mein Verhalten als Führungsperson von einem Verhalten entfernt ist, das dem
   von Jesus entspricht.
6. Ich bin voll und ganz bereit, von
   Gott alle Charakterfehler ausräumen zu lassen, die die Ursache für
   meine Defizite als Leiter darstellen.
7. Ich bitte Gott darum, meine Unzulänglichkeiten auszugleichen und
   mich gegen die Versuchungen von
   Anerkennung, Macht und Geld zu
   schützen.
8. Ich habe eine Liste von Personen
   aufgestellt, die ich durch mein ego-

istisches Verhalten verletzt oder geschädigt habe. Ich bin bereit, bei allen Wiedergutmachung zu leisten.

9. Ich habe nach Möglichkeit bei diesen Personen Wiedergutmachung geleistet, es sei denn, ich hätte dadurch sie oder andere verletzt.

10. Ich mache hinsichtlich meiner Rolle als Führungsperson weiterhin persönliche Inventur, und wenn ich mich falsch verhalte, gebe ich es sofort zu.

11. Durch die geistlichen Übungen von Stille, Gebet und Bibelstudium bemühe ich mich, mein Verhalten als dienende Führungskraft mit dem Vorbild Jesu in Einklang zu bringen. Ich will mich ständig darum bemühen, in erster Linie ein Diener und erst in zweiter Linie eine Führungsperson für die Menschen zu sein, denen ich im Rahmen meiner Verpflichtungen begegne.

12. Nachdem ich die Prinzipien eines dienenden Führungsstils verstanden und akzeptiert habe, werde ich versuchen, diese Botschaft an andere Führungspersonen weiterzugeben und diese Prinzipien in allen Lebensbereichen umzusetzen.

Als Michael an seinen Arbeitsplatz zurückkehrte, stellte er fest, dass sein Unternehmen immer noch gewinnorientiert arbeitete, aber auf der menschlichen Ebene nicht so funktionierte, wie es seinem neuen Denken entsprach. Es gab zahlreiche Beschwerden von Kunden, interne Konflikte waren an der Tagesordnung, und die Fluktuation auf der Personalebene war hoch, besonders bei den guten Leuten, die leicht einen anderen Arbeitsplatz finden konnten. Eine Überbetonung der Finanzlage war eine offene Einladung für langfristige Probleme.

Es war nun an Michael, diese Situation zu verändern und eine solide Zielvorgabe zu entwickeln, die die ganze Firma in etwas verwandeln sollte, das manche einen »Glückstreffer« nannten. Um diese Vision nicht aus den Augen zu verlieren, legte Michael eine Plakette auf seinen Schreibtisch, auf der stand: *Profit ist der Beifall, den wir dafür bekommen, dass wir uns um unsere Kunden kümmern und ein motivierendes Arbeitsklima für unsere Angestellten schaffen.*

Er setzte den Prozess rasch in Gang und entwickelte zusammen mit seinen wichtigsten Mitarbeitern eine klare Vision, wobei er Feedback und Vorschläge aus allen Ebenen des Unternehmens einholte. Alle waren sich einig, dass es ihr Ziel war, das führende Dienstleistungsunternehmen in allen Unternehmenssparten zu werden. Sie wollten die Besten sein und einen Maßstab setzen. Integrität, Hingabe und Erfolg waren ihre drei grundlegenden Werte.

Michael vermittelte jedem Mitarbeiter ständig das Bild, das das Unternehmen anstrebte:

Wir werden die Besten sein, nicht, weil wir die besten Preise oder Produkte haben – das ist für ein erfolgreiches Unternehmen selbstverständlich –, sondern weil wir im entscheidenden Augenblick die Besten sind: dann nämlich, wenn externe oder interne Kunden mit jemandem aus unserem Unternehmen so in Kontakt kommen, dass sie einen guten Eindruck von unserem Unternehmen bekommen können.

Ihr Ziel war nicht primär, Kunden zufrieden zu stellen. Das große Ziel war vielmehr, begeisterte Fans aus ihren Kunden zu machen. Kunden, die so begeistert darüber waren, wie sie behandelt wurden, dass sie mit der Firma und ihrem Service angeben wollten. Auf diese Weise sollten die Kunden zu einer Art von Außendienstmitarbeitern für die Firma werden.

Michael wusste aus seiner Zusammenarbeit mit dem Professor und dem Geistlichen, dass es nur gelingen konnte, so begeisterte Kunden zu haben, wenn die Mitarbeiter, die sie betreuten, übereifrig waren. Wenn sie wussten, dass sich lohnte, was sie taten, wenn sie Kontrolle über die Umsetzung ihrer Ziele hatten und wenn das Führungsmanagement auf allen Ebenen der Firma sie dabei anfeuerte.

Um dies Wirklichkeit werden zu lassen, führte Michael sofort einen Feedback-Prozess ein, der alle einbezog und bei dem alle lernen konnten, anderen besser zu dienen. Die neue Unternehmensstruktur – eine auf dem Kopf stehende Pyramide – wurde in der ganzen Firma deutlich sichtbar präsentiert. Es war klar, dass die Mitarbeiter, die direkten Kundenkontakt hatten, an der Spitze der Organisation standen, wenn es darum ging, die Vision umzusetzen.

Michael traf sich an jedem Montagmorgen um acht Uhr mit allen wichtigen Managern. Der erste Tagesordnungspunkt war immer ein Lob-Bombardement. Im Mittelpunkt stand die gegenseitige Hilfe, die die Leute einander anboten oder voneinander bekommen hatten. Als letzten Tagesordnungspunkt berichtete jeder darüber, welche Aufgaben er in der folgenden Woche zu bewältigen hatte und wo er eventuell Hilfe gebrauchen konnte.

Am schwierigsten fand Michael den Punkt, bei dem es darum ging, Worte in tatsächliches Handeln umzusetzen und sich von den Werten leiten zu lassen. Da er wusste, dass es viele Leute abschrecken konnte, wenn er anfing über Gott und Jesus als Leitbilder zu sprechen, musste er einen anderen Weg finden, um die Haltung der Führungskräfte auf allen Unternehmensebenen zu verändern.

Als die Ziele und Werte der Organisation erst einmal festgelegt und entsprechende Verhaltensweisen definiert waren, wurden sie überall auf Visitenkarten, Werbematerialien, Jahresberichten und gerahmten Postern in jedem Arbeitsbereich kommuniziert. Das war der einfachere Teil der Wertevermittlung. Die echte Herausforderung bestand aber darin, Führungsverhalten und Verfahrensweisen innerhalb der Organisation mit den Werten in Einklang zu bringen. Wenn die Werte das Handeln bestimmten, musste jeder dazu angehalten werden, sich an diese Werte zu halten. Immer wenn es einen Vorfall gab, bei dem ein Wert missachtet worden war, machte man auf diesen Vorfall aufmerksam. Ziel war dabei sicherzustellen, dass so etwas nicht mehr vorkam.

Als der Umwandlungsprozess startete, richteten sich alle Augen auf Michael. Jeder erwartete, dass die alte Management-Philosophie »Tu, was ich sage, und nicht, was ich tue« aufrechterhalten bleiben würde. Michael wusste, dass sich diese Philosophie normalerweise bei Managern durchsetzte, die in erster Linie Führungspersonen waren und die alte Hierarchie auch für die Umsetzungsphase beibehielten. Das brachte mit sich, dass alle Energie weg von den Kunden und die Hierarchie hinauf bis zum Topmanagement floss. Michael wollte dieses Muster durchbrechen. Er hatte sich vorgenommen, Feedback als Geschenk zu betrachten, damit sich auch in seinem Handeln zeigen konnte, wovon er sprach.

Michael erkannte, dass es eine Führungsperson sehr verletzlich macht, wenn sie Menschen so führt, wie Jesus sie führen würde. Er hörte, wie einer der Topmanager den Prozess damit verglich, »als würde man sich jeden Tag um zwölf Uhr mittags auf dem Times Square ausziehen«. Aber Michael und sein Team hielten daran fest, ihr Verhalten an den Werten des Unternehmens auszurichten. Positive Ergebnisse waren nicht sofort zu sehen. Es war nicht einfach, das Vertrauen wiederzugewinnen. Michael war großen Versuchungen ausgesetzt, Instant-Lösungen zu finden, wenn er ungeduldig wurde oder sich vom langsamen, aber gleichmäßigen Tempo der Veränderungen entmutigen ließ. Sein Ego, seine Integrität und sein Selbstvertrauen wurden Tag für Tag sowohl vom Beifall als auch von der Kritik, der er ausgesetzt war, herausgefordert. Michael musste zugeben, dass sein Leben nicht einfacher geworden war, seit er sich bemühte, der Richtungsweisung Jesu zu folgen – es war nur besser geworden.

Um dem Druck seines Alltags begegnen zu können, fand Michael neue Kraft und Perspektive in seiner täglichen Zeit alleine im Gebet und im Nachdenken über die praktische Weisheit und Inspiration von Gottes Wort. Durch Gottes Geschenk der bedingungslosen Liebe, die Michael nun bereitwillig annahm, gewann er einen inneren Frieden, der auch alle seine anderen Beziehungen beeinflusste.

Die Angst und Unsicherheit, der Carla und die Kinder durch Michaels Herzanfall ausgesetzt gewesen waren, wurden durch ein neues Gefühl der Sicherheit und Vertrautheit ersetzt, als Michael seine Prioritäten neu ordnete.

Die gegenseitige Unterstützung durch den Geistlichen, den Professor und seine örtliche Unterstützergruppe bewahrten Michael davor, sich wieder in die Isolation und einen schädlichen Lebensstil zurückzuziehen, was die Ursache für seinen Zusammenbruch gewesen war. Als Michael weiterhin täglich seinen Führungsstil unter die Lupe nahm, gewann er neue Freude und fand neue Bedeutung in seiner Rolle als dienende Führungsperson.

Und als er aufrichtige Versuche startete, sein eigenes Denken und Handeln mit Jesus als seinem Vorbild für einen dienenden Führungsstil in Einklang zu bringen, und sich die Vision und die Werte, die er mit in das Unternehmen eingebracht hatte, immer wieder vor Augen zu halten, reagierten die Leute positiv und machten mit.

Es war erstaunlich zu sehen, wie die Firma neuen Auftrieb bekam. Der Profit, der bisher hoch war, stieg weiter an. Aber anders als zuvor waren nun alle Mitarbeiter des Unternehmens begeistert von ihrer Firma und vor allem von der Ermutigung, die sie durch Michael erfuhren. Er war selten in seinem Büro, sondern stattdessen immer im Unternehmen unterwegs, um seine Mitarbeiter dabei zu »erwischen«, wie sie etwas richtig machten, und um ihre Fortschritte zu loben. Wenn irgendetwas schief lief, bestrafte er seine Leute nie, sondern lenkte ihre Bemühungen wieder in die richtige Richtung. Als Michael diesen dienenden Führungsstil vorlebte, begannen ihm seine Manager bald zu folgen.

Nach einiger Zeit war Michael ein Held, nicht nur bei den Aktionären, sondern auch bei den Kunden, den Angestellten, seiner Familie und in der ganzen Stadt. Aber dieses Mal stieg ihm das alles nicht zu Kopf. Er betrachtete alles aus der richtigen Perspektive, sowohl durch seine täglichen Gebetszeiten und seine ständige Frage: »Was würde Jesus tun?«, als auch durch seine beständige Gemeinschaft mit Carla und den Kindern, mit dem Professor und dem Geistlichen und mit seiner örtlichen Gruppe.

Ein Jahr nachdem er wieder an seinen Arbeitsplatz zurückgekehrt war, nahm ihn Carla eines Abends in den Arm und flüsterte ihm ins Ohr: »Weißt du was, Michael? Ich bin wirklich stolz auf dich.«

»Ich hoffe es«, erwiderte er. »Aber der Härtetest könnte uns noch bevorstehen. Ich habe Gerüchte über eine mögliche feindliche Übernahme unseres Unternehmens durch eine große multinationale Gesellschaft gehört. Das könnte mich und einige andere aus meinem Team auf die Straße setzen. Dadurch könnte vieles, was wir erreicht haben, demontiert werden, einschließlich der Hoffnungen unserer Leute. Die Frage ist: Schaffe ich es, Gott zu vertrauen und anderen dabei zu helfen, dasselbe zu tun – egal, was die Zukunft auch bringt?«

Der Geistliche

D er Geistliche war tief in Gedanken versunken, als er aus der Ausfahrt seines Hauses fuhr und sich auf den gewohnten Weg zur Kirche machte. Es war der erste Tag nach seiner Sabbatzeit und nach seinem Wochenende mit Michael und dem Professor.

In der Zeit, die er nicht dem Druck seiner Arbeit ausgesetzt gewesen war, hatte er neue Perspektiven für seine Führungsaufgabe gewonnen. Er war nun neu bereit, den Bedürfnissen der Menschen zu dienen, die Gott seiner Fürsorge anvertraut hatte. Er hatte seine eigenen Grenzen erkannt, an die er stieß, wenn er es jedem recht machen und alles selbst tun wollte. Er hatte das Gefühl, dass sein Herz am richtigen Platz gewesen war. Aber er musste auch zugeben, dass sein Ego oftmals seine Entscheidungen vernebelt hatte, als er versuchte, vierundzwanzig Stunden am Tag der perfekte Pastor und Lehrer zu sein.

In ausgedehnten Zeiten, die er mit Gebet und Nachdenken verbracht hatte, sah er bestätigt, dass seine vorrangige Berufung darin bestand, zu predigen und das geistliche Wachstum in seiner Gemeinde anzuregen. Der Geistliche war dankbar, dass er von Gott so begabt worden war, dass er den Menschen, die Jesus nachfolgten, und denen, die immer noch Antworten auf die wichtigen Fragen des Lebens suchten, die Liebe Gottes weitergeben konnte.

Er wusste, dass der Visionsaspekt seiner Führungsrolle Zeit und Energie kostete. Er war nun motiviert, neue Wege zu finden, wie er seine Angestellten und seine ehrenamtlichen Mitarbeiter für die Umsetzungsphase ausbilden und bevollmächtigen konnte.

Als der Geistliche nun den Bericht des Alten Testaments las, in dem berichtet wurde, wie Mose von seinem Schwiegervater gecoacht wurde, nicht alles selbst zu tun und zu lernen, Aufgaben zu delegieren, war es für ihn eine seltsam vertraute Erfahrung. Der Geistliche war auch getröstet von der Tatsache, dass das erste organisatorische Problem, das die Jünger als Folge des starken Wachstums der Urgemeinde lösen mussten, dieselbe Umstrukturierung der alltäglichen Aufgaben war, die der Geistliche nun in seiner Gemeinde vornehmen musste.

Was er vom Professor über Führungsmethodik gelernt hatte, zeigte ihm, wie er es dem Gefühl, für alles in der Gemeinde verantwortlich zu sein, ermöglicht hatte, seine Energien abzuziehen und die Weiterentwicklung seiner Angestellten und ehrenamtlichen Mitarbeiter zu behindern. Der Geistliche erkannte, welche Kraft latent vorhanden war und freigesetzt werden konnte, wenn er die Kompetenzen seiner Mitarbeiter erweiterte. Indem er auf ihr Bedürfnis, sich weiterzuentwickeln, einging und ihnen zunehmend mehr Autonomie und Eigenverantwortung zugestand, konnte der Geistliche nun seine Energie und seine Werte als Führungsperson vervielfältigen.

Es gab noch viel zu tun, aber er wusste, dass er es nicht alleine tun musste. Während er durch die am frühen Morgen noch ruhigen Straßen fuhr, spürte er in sich neue Hoffnung und Sicherheit in Anbetracht der Aufgabe, seine Leute zu führen. Er war überzeugt, dass er Antworten auf alle Fragen finden konnte, wenn er Tag für Tag seinen Weg mit Jesus ging und von ihm Weisheit und Führung erwartete.

Der Professor

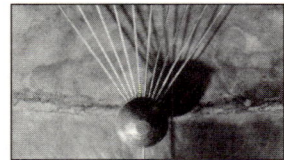

Die Schlange bewegte sich wie immer im Schnecken-
tempo vorwärts, als der Professor an Bord des frühen Fluges nach Chicago ging. Am Ende der von
ihm und Allison selbst auferlegten Sperre für Geschäfts-
reisen während des Sommers freute sich der Professor nun,
mit neuer Kraft wieder ins Berufsleben zurückzukehren.

Er hatte zwei Wochen voller intensiver Arbeit vor sich,
in denen er Vorträge halten und einige seiner Firmenkunden
besuchen wollte. Als er es sich in seinem Sitz bequem
machte und desinteressiert den ewig gleichen Sicherheits-
hinweisen der Flugbegleiter zuhörte, ging er im Geist seine
Reise durch. Auf ihn warteten Treffen mit treuen Fans seiner Publikationen und Management-Seminare, aber auch
Vorträge, die ihm neue Kunden- und Leserkreise erschlie-
ßen sollten. Für ihn war es vertraute Routine, die jedoch
durch die Tatsache interessant wurde, dass der Professor

vorhatte, seinem Publikum etwas weiterzugeben, das sich von dem unterschied, was es zu hören gewohnt war. Seine Erfahrung mit Michael und dem Professor hatte ihm die ganze Dimension eines effektiven dienenden Führungsstils eröffnet.

Am folgenden Tag stellte der Professor seinen Zuhörern sein persönliches Missionsstatement vor.

»Mein Auftrag ist es«, sagte er, »ein liebevoller Lehrer und ein lebendes Beispiel für einfache Wahrheiten zu sein, die mir selbst und anderen Menschen dabei helfen, die Gegenwart Gottes in unserem Leben bewusst zu machen. Was ich Ihnen heute auf möglichst liebevolle Weise weitergeben möchte, schmeichelt der Art und Weise, wie die meisten von uns unser Leben und unsere Firma führen, nicht besonders. Indem ich ein schonungsloses Licht auf die Punkte werfen will, die unser Denken und Handeln als Leiter und Führungskräfte zu einem großen Teil bestimmen, hoffe ich, den Prozess der Neuausrichtung und Heilung in Gang setzen zu können, der die volle Kraft von Menschen frei setzen kann, die zusammenarbeiten, um das Beste für sie selbst und ihre Umgebung zu erreichen.

Mir ist klar geworden, dass es in der heutigen Zeit die größte Sucht mit den schlimmsten Auswirkungen ist, jede Situation automatisch nach der Frage »Was bringt es mir?« zu beurteilen.

Wenn diese Abhängigkeit von unserem Ego die Etagen der Macht und des Einflusses erreicht«, fuhr der Professor fort, »denken und handeln Leiter und Führungskräfte so, als seien die Schafe dazu da, die Bedürfnisse des Hirten zu befriedigen. Praktisch bedeutet dies einen einseitigen Fluss von Geld, Macht und Anerkennung die Pyramide der Hierarchie hinauf, weg von den Leuten, die direkten Kundenkontakt haben.

Sie kennen die Begriffe ›Kopf der Abteilung‹ und ›Handlanger‹. Manche Leute bekommen ›Supervision‹, andere sind ›Untergebene‹ oder ›untergeordnet‹. Eigeninteresse und Selbsterhaltung dominieren, wenn das Ego statt der Dienst an anderen zur treibenden Kraft wird.

Ich möchte Sie heute davon überzeugen«, sagte der Professor,»dass wir von jemandem berufen sind, anderen zu dienen – nicht uns selbst –, und dass es wirklich besser ist, zu geben als zu empfangen. Dazu möchte ich sowohl auf den Charakter von Führungspersönlichkeiten als auch auf Führungsmethodik eingehen. Effektives Führen und effektives Leben setzen in Ihrem Inneren an, an Ihrem Charakter, und verändern schließlich auch Ihr Verhalten.«

Der Professor erinnerte seine Zuhörer an ihre Berufung und an den, der diese Berufung ausgesprochen hat, wie er es jeden Tag, bei allen Menschen, mit denen er zu tun hatte, und an jedem Ort tat. Zuerst dachte er, dass er vielleicht übertrieb, aber er war davon überzeugt, dass es sein Auftrag war, wieder neu in das Bewusstsein seiner Zuhörer zu rufen, was Gott in ihrem Leben tat und getan hatte. Das gab ihm neuen Mut. Er forderte sich selbst ständig neu heraus, indem er sich die Frage stellte:»Liebe ich diese Menschen genug, um ihnen das Großartigste zu erzählen, das ich weiß?«

Er schloss seinen Vortrag mit folgender Geschichte ab:»Vor ein paar Jahren machten sich bei den ›Special Olympics‹ neun Läufer für das Finale im 100-Meter-Lauf bereit. Als der Startschuss fiel, stürmten diese Wettkämpfer, die unterschiedliche Arten von Behinderungen hatten, in Richtung Ziellinie. Auf halber Strecke stürzte einer der Läufer. Er versuchte, wieder aufzustehen, aber es gelang ihm nicht. Er fiel wieder, versuchte es noch einmal, aber ohne Erfolg. Schließlich blieb er auf seiner Bahn liegen und begann zu weinen.

Einer nach dem anderen hörten die anderen acht Läufer sein Weinen und hielten an. Alle liefen zurück zu ihrem weinenden Mitstreiter. Als sie bei ihm ankamen, halfen sie ihm auf, nahmen sich alle an den Händen und überquerten gemeinsam die Ziellinie. Die Zuschauer konnten es nicht fassen. Sie standen auf und gaben den Läufern fünfzehnminütige Standingovations.

Diese jungen Leute waren vielleicht körperlich behindert, aber sie waren uns geistlich weit voraus. Sie wussten, dass sie dazu berufen waren, anderen zu dienen und nicht sich selbst. Gehen Sie nun los und machen Sie es ebenso. Gott segne Sie.«

Mit diesen letzten Worten verabschiedete sich der Professor von seinen Zuhörern. Sie standen sofort auf und belohnten ihn mit ähnlichen Standingovations.

Als er den Saal verließ, durch die Reaktion des Publikums in Hochstimmung versetzt, erwischte der Professor sein Ego dabei, wie es sich in den Vordergrund drängen wollte. Er neigte sich in stillem Gebet und dankte dafür, dass er berufen war, anderen zu dienen. Und mit einem dankbaren Herzen verpflichtete er sich dazu:

»Ich will diese Botschaft an andere weitergeben.«

Anmerkungen

1. Markus 10,43–44
2. Lukas 5,1–5
3. Lukas 5,6–7
4. Jakobus 4,6
5. Matthäus 4,9
6. Matthäus 6,1
7. 1. Timotheus 6,10
8. Matthäus 6,33
9. Matthäus 28,20
10. Kohelet 4,9–11
11. Sprichwörter 29,18
12. Matthäus 4,19
13. Johannes 10,10
14. 1. Korinther 13,13
15. Johannes 8,32
16. Matthäus 28,19–20
17. Markus 9,35
18. Lukas 9,48
19. Johannes 13,12–17
20. Markus 6,8–11
21. Matthäus 28,18–20
22. Matthäus 28,20
23. Markus 1,35–37
24. Markus 1,38
25. Markus 10,43–44

Dank

Das Gedankengut, das in dieses Buch eingeflossen ist, stammt nicht nur von uns. Wir durften von einer Reihe von herausragenden Denkern lernen.

Wir möchten hier folgenden Personen danken: Dallas Willard für sein ausgezeichnetes Buch *The Divine Conspiracy* und alles, was er uns über Gottes Plan für uns gelehrt hat. Tom Marshall für sein brillantes Buch *Understanding Leadership*, das uns gelehrt hat, wie Jesus einen dienenden Führungsstil hat lebendig werden lassen. Robert Greenleaf für sein bahnbrechendes Buch *Servant Leadership* und die Unterscheidung zwischen einer starken natürlichen Führungspersönlichkeit und einem starken natürlichen Diener. Bob Buford für seine Freundschaft, seine Unterstützung und die Inspirationen, die wir durch sein Buch *Halftime* bekamen. Bob Russell, Pastor der *Southeastern Christian Church* in Louisville/Kentucky, für seine Hilfe und die Unterscheidung zwischen irdischem Erfolg und geistlicher Relevanz. Paul Hersey, dem Mitbegründer von *Situational Leadership*®, für seine bahnbrechenden Gedanken zum Thema »Führen«. Spencer Johnson, Mitautor des Buches »Der Ein-Minuten-Manager«, für sein kreatives Denken zum Thema »Menschenführung«.

Bob Lorber, Mitautor des Buches *Putting the One Minute Manager to Work*®, für seine Weisheit im Bereich Coaching. Sheldon Bowles, Mitautor der Bücher *Raving Fans* und *Gung Ho!*, für seine Erkenntnisse zum Thema »Kundenorientierung« und »Mitarbeitermotivation«. Wayne Dyer für die Unterscheidung zwischen Enten und Adlern. Gary Heil und Rick Tate für ihre Arbeit im *Legendary Service*® und die Bedeutung der Umkehrung der traditionellen Hierarchie, was Menschen dazu freisetzt, Adler statt Enten zu sein. Tim Gallwey, der uns klargemacht hat, wie wichtig die Konzentration auf den Prozess statt auf Ergebnisse ist. Norman Vincent Peale, Mitautor des Buches *The Power of Ethical Management*, für sein wichtiges Eintreten für positives Denken. Gordon MacDonald für seinen Klassiker »Ordne dein Leben« und für die Unterscheidung zwischen »berufenen« und »getriebenen« Menschen. Jan Carlson, dem ehemaligen Vorsitzenden der *Scandinavian Airline Systems* (SAS), für sein bahnbrechendes Buch *Moments of Truth* und die führende Rolle, die er im ausgezeichneten Kundenservice spielt.

Michael O'Connor, dem Mitautor von *Managing by Values*, für seine durchschlagende Arbeit über Werte am Arbeitsplatz. Warren Bennis für seine Arbeiten zum Thema »Führen«. John C. Carlos und Alan Randolph, Autoren der Bücher *Empowerment Takes More Than a Minute* und *The Three Keys to Empowerment,* für ihre scharfsinnigen Erkenntnisse über Bevollmächtigung. Bob Schwartz für sein Buch *Diets Don't Work*. Jesse Stoner und Drea Zigarmi für ihre Arbeit über die Bedeutung der Vision. Allen Menschen, die dazu beigetragen haben, Selbsthilfegruppen wie die der Anonymen Alkoholiker aufzubauen, um anderen Menschen dabei zu helfen, von Abhängigkeiten frei zu werden. Chuck Colson für alles, was er uns über die auf den Kopf gestellte Pyramide lehrte – der Leiter, der für seine Leute sein Leben gibt. Robert A. Laidlaw für sein überzeugendes kleines Buch »Kaum zu glauben – Glaube hat Gründe« und für seine nüchterne Begründung, warum es sich lohnt, Jesus nachzufolgen. Robert Holden, Autor von *Happiness NOW*, für seine Erkenntnisse zur wahren Bedeutung des Begriffs »Ego«.

Besonderer Dank gilt Chuck Heidenreich, Mark Miller, Steve Gottry, John Culea und Jim Despain für ihr immer hilfreiches Feedback für alle Entwürfe dieses Buches. Danke auch für die Rückmeldung, die wir von anderen Personen bekamen, die an der *Inaugural Center for FaithWalk Leadership*-Konferenz im Januar 1999 teilnahmen: Thomas G. Addington, Carlos Arbelaez, Patricia Asp, Denis Beausejour, Sheldon Bowles, Bob Buford, Michael Cardone, John Castle, Dan Cathy, King Crow, David R. Gehr, Ronald D. Glosser, Steve Graves, William A. Jolly, Laurie Beth Jones, Walt Kallestad, Estean Hanson Lenyoun III, Frank Mallinder, David W. Miller, Larry Moody, Tom Muccio, Laura Nash, C. William Pollard, Mike Singletary, Donald G. Soderquist, Reggie Tyler und Dan Webster.

Ein besonderer Dank gilt auch Eleanor Terndrup, die unermüdlich jeden unserer Entwürfe abtippte. Ihre Geduld und ihr Durchhaltevermögen sind Weltklasse. Danke auch an Dottie Hamilt, Kelly DeLuca und Jean Blount dafür, dass sie immer da waren, wenn wir sie brauchten.

Unser Dank geht auch an unsere Freunde und Partner in den beiden Verlagen, die dieses Buch in ihr Programm aufgenommen haben: dem Verleger Michael Murphy und Michael Yanson, verantwortlich für Verkauf und Marketing von William Morrow & Company, sowie den Verleger Dan Rich, dem Vizepräsidenten im Verkauf, Doug Gabbert und dem Herausgeber Thomas Womack bei WaterBrook Press. Besonderer Dank gilt Margret McBride, unserer Literaturagentin und Freundin, für alle Unterstützung, ihr Feedback und ihre kontinuierliche Ermutigung.

Jeder von uns dreien ist gesegnet mit einer wundervollen Ehefrau, die uns unterstützt, wenn wir Unterstützung brauchen, und die uns herausfordert, wenn wir die Herausforderung brauchen. Danke an Margie Blanchard, Lynne Hybels und Jane Hodges. Wir möchten auch an E. P. Hodges, Phils Vater denken, der uns, bevor er seine Reise nach Hause antrat, eine ständige Quelle der Ermutigung war und uns viele redaktionelle Ratschläge gegeben hat.

Und schließlich danken wir unserem aus drei Mitgliedern bestehenden Beraterteam, dem Vater, dem Sohn und dem Heiligen Geist, für die Energie und das Ziel, das sie unserem Leben mit diesem Projekt gegeben haben. Besonderer Dank dem Wort Gottes, wie es sich in der Bibel findet.

Über die Autoren

Ken Blanchard wird allgemein von Freunden, Kollegen und Kunden als einer der kenntnisreichsten, einflussreichsten und mitfühlendsten Männer bezeichnet, die heute in der Welt der Wirtschaft zu finden sind. Nur wenige Menschen haben wie er das Alltagsmanagement von Menschen und Firmen beeinflusst. Er ist ein prominenter, geselliger und gefragter Autor, Redner und Berater.

Kens Einfluss als Autor ist weit reichend. Von seinem Bestseller »Der Ein-Minuten-Manager®« (zusammen mit Spencer Johnson geschrieben) wurden weltweit über zehn Millionen Exemplare verkauft und er steht noch immer auf den Bestsellerlisten. Dieses Buch wurde in über fünfundzwanzig Sprachen übersetzt.

1996 stand »Der Ein-Minuten-Manager®« zusammen mit drei anderen von Kens Büchern auf der Bestsellerliste der *Business Week*: *Raving Fans: A Revolutionary Approach to Customer Service* (1993), zusammen mit dem Unternehmer Shelldon Bowles verfasst; *Everyone's a Coach* (1995), zusammen mit dem legendären Footballtrainer Don Shula verfasst; sowie *Empowerment Takes More Than a Minute* (1995), zusammen mit seinen Consulting-Partnern John Carlos und Alan Randolph verfasst. Kein anderer Autor kann vier Titel auf der Bestsellerliste eines einzigen Jahres vorweisen. Die Titel »Der Ein-Minuten-Manager®«, *Gung Ho!* Und *Raving Fans* erscheinen immer noch auf Bestsellerlisten.

Ken leitet die *Ken Blanchard Companies, Inc.*, ein global arbeitendes Management-Trainings- und Beratungsunternehmen, das er und seine Frau, Dr. Marjorie Blanchard, 1979 in San Diego/Kalifornien gegründet haben. Ken ist außerdem Gastdozent an seiner Ausbildungsstätte, der *Cor-*

nell University, zu deren Vorstand er auch gehörte. Zudem lehrt Ken Leitungs- und Führungsmanagement in einem Programm, das von der Universität von San Diego und den *Ken Blanchard Companies* gesponsort wird, und ist Mitgründer des *FaithWalk*-Zentrums für Leiter und Führungskräfte.

Die Blanchards sind stolz auf die Tatsache, dass ihre Tochter Debbie, ihr Sohn Scott und Humberto, Debbies Ehemann, ebenfalls in ihrem Fach arbeiten. Und am meisten sind sie stolz auf ihre Enkel Kurtis und Kyle, die Söhne von Scott und Chris Blanchard.

Unter der Leitung von Pastor **Bill Hybels** wuchsen die Besucherzahlen der *Willow Creek*-Gemeinde von 125 Personen im Jahr 1975 auf inzwischen über 17 000 Personen an. Die Gemeinde, deren Anfänge in einem angemieteten Kino lagen und die die kirchendistanzierten Eltern der Teenager von *Son City* (einer gemeindlichen Jugendarbeit, die Bill Hybels ins Leben gerufen hatte) erreichen wollte, befindet sich heute auf einem fast 60 Hektar großen Gelände in South Barrington/Illinois und hat einen aus 450 Personen bestehenden Mitarbeiterstab.

Zusätzlich zu seinen Verpflichtungen in der *Willow Creek*-Gemeinde ist Bill Hybels ein international gefragter Redner, Autor und Berater. Außerdem ist er Vorsitzender der *Willow Creek Association,* einer Organisation, der weltweit über 4 000 Gemeinden aus verschiedenen Denominationen an den unterschiedlichsten Orten und mit unterschiedlichem ethnischen Hintergrund angehören.

Ziel der *Willow Creek Association* ist es, kirchendistanzierte Menschen zu erreichen und sie in die völlig hingegebene Nachfolge Jesu Christi zu führen. Zu den Angeboten der *Willow Creek Association* gehören Konferenzen und Workshops, eine monatlich erscheinende Zeitschrift, ein

Online-Informationssystem und eine Vielzahl weiterer Kommunikationsmittel und Arbeitsmaterialien.

Bill Hybels hatte ursprünglich geplant, in die Fußstapfen seines Vaters, eines erfolgreichen Geschäftsmannes, zu treten. Dann aber spürte er die klare Berufung von Gott, die ihn aus der Wirtschaft in den Gemeindedienst führte. Er erwarb einen *Bachelor of Arts* in Biblischen Wissenschaften und erhielt einen Ehrendoktortitel des *Trinitiy College* in Deerfield/Illinois. Er ist Autor zahlreicher Bestseller, darunter »Entfalte deinen Charakter«, »Aufbruch zur Stille«, »Bekehre nicht – lebe!«, »Ins Kino gegangen und Gott getroffen«, »Der Gott, den du suchst« und »Aufbruch zum Leben«.

Bill und seine Frau Lynne leben mit ihren beiden Kindern Todd und Shauna in Barrington/Illinois – außer in den Monaten Juli und August, in denen sie irgendwohin mit ihrem Boot verschwinden.

Phil Hodges hatte in den vergangenen dreißig Jahren verschiedene Positionen in den Bereichen Beziehungen am Arbeitsplatz und Personalentwicklung bei Xerox inne. Als Firmensprecher von Xerox handelte er fünfzig Arbeitsbestimmungen aus, die für verschiedene Fertigungs- und Vertriebsorganisationen von Xerox bindend waren.

Phil verfügt über ausgedehnte Erfahrungen in Konfliktmanagement und ist von der Stadt Los Angeles offiziell als Mediator anerkannt. Bei seinem letzten Projekt bei Xerox trug Phil unter anderem durch eine öffentlich gut vermarktete Umstrukturierung maßgeblich dazu bei, einen Technik- und Fertigungsbetrieb mit einem Wert von 500 Millionen Dollar vor der Schließung zu bewahren. Er war in der Lage, eine einzigartige Partnerschaft zwischen den Firmenvertretern vor Ort und der Firmenleitung zu schmieden. Das Ergebnis dieser Partnerschaft war eine Verbesserung der

Kompetenzen, eine gründliche Überarbeitung der Aufgabenstrukturen und Hierarchien, die Einführung eines Systems zur Leistungserfassung, Leistungsbescheinigungen und eine Gewinnbeteiligung für eine multikulturelle Arbeitskraft. Achthundert Arbeitsplätze wurden gerettet und ein Rekordniveau bei der Mitarbeiter- und Kundenzufriedenheit erreicht.

Phils langjähriges Interesse für den Bereich Arbeit und Familie, vor allem für die Interessen älterer Arbeitnehmer, ist offenkundig. Er initiierte die Beteiligung der Firma Xerox als Gründungspartner in Zusammenarbeit mit der Stadt Los Angeles an einem einzigartigen Programm zur Betreuung und Vermittlung älterer Arbeitnehmer. Er ist aktiver Verfechter eines Wiedereinstiegs in das Arbeitsleben nach einer Berentung und hat Hunderte von Beschäftigten bei Xerox und die interessierte Öffentlichkeit geschult.

Phil hat seine Führungsfähigkeiten auch in zahlreichen ehrenamtlichen Engagements genutzt. Er war sechs Jahre im Führungsgremium seiner 3 000-Seelen-Heimatgemeinde.

Zurzeit arbeitet Phil als Mitgründer und Direktor des *FaithWalk*-Zentrums für Leiter und Führungskräfte und fungiert als Berater für die *Ken Blanchard Companies.*

Phil und seine Frau Jane leben in Rancho Palos Verdes in Kalifornien. Sie sind glücklich, dass ihre beiden Kinder Phil jr. und LeeAnne Pinner mit ihren Ehepartnern in ihrer Nähe leben und arbeiten. In diesem Jahr konnten Phil und Jane ihren dreißigsten Hochzeitstag feiern.

Kontaktadressen

Ken Blanchard und Bill Hybels sprechen auf Tagungen und Zusammenkünften in der ganzen Welt. Ihre Botschaften sind auch auf Hör- und Videokassetten erhältlich.

Die Ken-Blanchard-Organisation leitet außerdem Seminare und eingehende Beratungen in Bereichen wie Kundendienst, Management, Gruppenaufbau, Angestelltentraining zur Zielsetzung und zur Problemlösung, einem auf Wertvorstellungen basierenden Management und organisatorischer Innovation. Phil Hodges ist einer der beratenden Mitarbeiter dieser Bereiche. Zu weiteren Informationen zur Ken-Blanchard-Organisation oder zu den Phil-Hodges-Aktivitäten können Sie sich an folgende Adressen wenden:

The Ken Blanchard Companies
125 State Place
Escondido, CA 92029
(800) 728-6000 oder (760) 489-5005
Fax: (760) 489-8407
www.kenblanchardcompanies.com

Ken und Phil sind die Begründer des Zentrums des *Faith Walk*-Managements. Dieses Zentrum setzt sich für das »Jesus-Prinzip« ein, das als Modell christlicher Führerschaft gefördert wird. Diese Ziele werden durch Seminare, Beratungssitzungen, Bücher sowie Hör- und Videokassetten ergänzt. Für weitere Informationen zum Zentrum des *Faith Walk*-Managements wenden Sie sich bitte an die folgenden Adressen:

The Center for FaithWalk Leadership
125 State Place
Escondido, CA 92029
(800) 728-6000 oder (760) 489-5005
Fax: (760) 489-1332

Die Hörkassetten zu den Predigten der *Willow Creek*-Gottesdienste an den Wochenenden und am Mittwoch können einzeln abonniert werden. Sie können auch die gesamten Tonkassetten zu den *Church Leadership*-Konferenzen und dem *Leadership Summit* sowie die *Promiseland*-Videos bekommen. Zu weiteren Informationen über die Bill-Hybels-Aktivitäten können Sie sich an die folgende Adresse wenden:

Willow Creek Community Church
67 E. Algonquin Road
S. Barrington, IL 60010
(847) 765-5000
Fax: (847) 765-9222
Internet: www.willowcreek.org

Die *Willow Creek Association* sieht es als ihre Aufgabe an, die Gemeinden auf der ganzen Welt mit Material auszustatten, sie zu trainieren und eine Zusammenarbeit anzubieten. Konferenzen und Workshops, eine monatliche Rundfunksendung und Websites ermöglichen Kirchenleitern den sofortigen Zugriff auf Hunderte von *Willow Creek*-Sketchen, Predigttexten, kreative Programmideen, Büchern, Videos, Musik und vieles mehr! Für weitere Informationen können Sie sich an die folgende Adresse wenden:

Willow Creek Deutschland
Postfach 12 62
D-61282 Bad Homburg
(0 61 72) 80 04-0
Internet: www.willowcreek.de

Das Praxisbuch für Führungskräfte

Hier gibt Ihnen ein Fachmann einen klaren Überblick über das Profil eines erfolgreichen und effektiven Leiters. Darin wird jeder einzelne Bereich so praktisch behandelt, dass Sie die einfachen Prinzipien sofort und mit viel Spaß in die eigene Praxis umsetzen können. Wie in jedem seiner Bücher ermutigt Paul Ch. Donders auch hier, den ganz persönlichen Stil zu entdecken und zu entfalten. Eine Besonderheit bietet vor allem der komplette „Kompetenz-Workshop", mit dem Sie Ihre persönliche Fach-, Sozial-, Kommunikations-, Führungs- und Strategien-Kompetenz beurteilen können.

Dies ist ein Buch aus der Praxis für die Praxis. Ein „Muss" für jeden Mann und jede Frau, die Menschen führen und begleiten, sei es im Unternehmen, zu Hause, in der kirchlichen Arbeit oder ehrenamtlich.

Paul Ch. Donders
Mitarbeiter fördern und fordern
Broschur, Großformat, 160 Seiten
Best.-Nr. 815 710

»Der Fall Jesus« –
eine wissenschaftliche Untersuchung

Auf der Suche nach der Wahrheit über die Existenz von Jesus Christus nimmt der Journalist Strobel die Experten ins Kreuzverhör und konfrontiert sie mit wissenschaftlichen Fakten, anerkannten Beweisen und unangenehmen Fragen wie: Gibt es außerhalb der Bibel Beweise für die Existenz Jesu? Wie verlässlich ist das Neue Testament? Welche Gründe gibt es dafür, tatsächlich an die Auferstehung als historisches Ereignis zu glauben? Zerstreuen wissenschaftliche Argumente nicht jeden Glauben an das Übernatürliche? Zu welchem Urteil kommen Sie?

Lee Strobel
Der Fall Jesus
Hardcover, 320 Seiten
Bestell-Nr. 657 274